그 사람은 내현적 나르시시스트입니다

수동적으로 공격하는,    보이지 않는 악인들에 대하여

그 사람은
*The Covert*

내현적 나르시시스트
*Passive Aggressive*

입니다
*Narcissist*

데비 미르자 지음 김미덕 옮김    수오서재

# 더는 나를 의심하지 않기로 했다

혹시 몹시 혼란스럽고 미칠 것 같은 연애를 하고 있는가? 아니면 그런 관계에서 막 벗어나려 하고 있는가?

다른 사람들은 당신의 어머니를 멋진 사람으로 보지만 당신은 자라면서 어머니로 인해 외로움을 느끼고, 자신의 정체성을 확립하기 어려웠는가? 모든 일이 늘 당신 탓인 것처럼 느껴졌는가?

자라면서 아버지와 함께 있으면 살얼음판을 걷는 듯한 기분이 들었는가? 여전히 아버지와 교감하기 힘들지만 사람들은 당신이 그런 아버지를 두어 운이 좋다고 말하는가?

모두가 훌륭하다고 생각하는 상사나 동료가 있지만 함께 일하다 보면 불안감이 커지고, 자신의 정신 상태에 의문을 품게 되는가?

누군가 당신이 사랑하는 사람이 나르시시스트일지도 모

른다고 해서 조사를 해봤는가? 그런데 당신이 의심하는 그 사람은 전형적인 나르시시스트와 달라서 당혹스러운가?

이러한 시나리오 중 하나라도 공감이 된다면 내현적$^{covert}$ 나르시시스트를 마주하고 있는 것이다. 내현적 나르시시스트는 위장을 잘하고 교묘해서 진단하기가 가장 어려운 유형이다.

내현적 나르시시스트의 행동은 학대가 감춰져 있어서 나르시시즘 중에서도 가장 악랄하다. 대부분의 사람은 이런 관계에서 자신이 학대당하고 있다는 사실조차 자각하지 못한다. 나르시시스트의 폄하 전술로 인해 피해자 내면의 생명력은 서서히 말라간다. 자존감도 낮아진다. 겉으로 보이는 상처는 없지만 그들이 끼치는 영향은 심각하다.

당신은 정서적, 심리적으로 학대를 받았고 주변 사람들은 그들이 훌륭하다고 생각하는 반면, 당신만이 그들의 진짜 모습을 볼 수 있다. 이 때문에 혼란은 가중되고, 당신의 고통은 과장된 것이거나 실제로 그리 큰 문제가 아니라고 여겨진다.

내현적 나르시시스트가 큰 피해를 주는 이유는 인지부조화 때문이다. 인지부조화란 마음속에 두 가지 상반된 생각이 충돌하는 상태를 말한다. 당신은 어머니, 배우자, 남자친구 또는 여자친구를 사랑하고 그들도 당신을 사랑한다고 믿는다. 하지만 그들의 행동을 돌이켜보면 그 믿음에 의문을 품게 된다. 곰곰이 생각해볼수록 의아함이 생기기 시작한다. '이 사람이 정말로 수년 동안 나를 통제하고 조종해왔는데 내가 그걸 몰랐는가, 아니면 내 잘못이고 내가 경험을 지나치게 과장한 건 아닐까?' 당신은 그 사람이 좋은 사람이라는 확고한 믿음을 긴 시간 걸쳐 만들어왔지만, 동시에 그들은 믿기 어려울 정도로 잔인하고 통제적인 행동을 한다.

외현적overt 나르시시스트 유형은 눈에 보이고, 직설적이며 과시적인 사람들이다. 그들은 자신이 얼마나 대단한지 남들에게 알린다. 그들의 가면이 벗겨지면 주변 사람들은 눈살을 찌푸리며 "아, 그래, 그 사람 진짜 끔찍해"라고 말한다.

반면에 **내현적** 나르시시스트는 사람들에게 호감을 받는다. 그들은 매력적이고 친절하다. 겸손하고 공감하는 것처럼 보인다. 남의 말을 잘 들어주고 진심으로 배려하는 것처럼 보인다. 당신은 그들에게서 엄청난 사랑을 받는다고 느끼지만, 동시에 당신 스스로에 대해 끔찍한 감정을 품게 만든다. 그들은 오랜 기간 동안 당신이 알아차리지 못하는 은밀한 전술을 사용한다.

사람들 중에는 내현적 나르시시스트와 10년, 20년, 30년, 심지어 40년 이상 관계를 유지하면서도, 자신이 수십 년 동안 학대를 당해왔다는 사실을 자각하지 못하는 경우가 흔하다. 특히 나르시시스트가 가족 구성원일 때는 더욱 치명적이다. 형제자매들은 여전히 엄마, 아빠가 훌륭하다고 생각하며, 산적해 있는 문제들에 대해 당신을 비난한다. 오로지 당신만이 그 사실을 볼 수 있다. 당신은 자신이 뭔가 놓친 게 있나 싶은 생각이 들기 시작하고 명백한 학대조차 스스로 축소한다. 아무도 그것을 보지 못한다면 문제는 바로 당신이 되고 만다. 이런 학대는 실제로 그렇게 지저분해 보이지 않는다. 너무나 보이지 않아서 무엇이 잘못되었는지 파악하기가 어렵기 때문이다.

이 중 어느 부분이라도 공감된다면, 당신은 혼자가 아니며 자신을 믿어도 된다. 나도 수년간 혼란과 인지부조화를 겪었다. 나도 인생에서 여러 명의 내현적 나르시시스트를 만났다.

몇 년 전, 내 혼란을 해결할 답을 찾기 위해 조사를 시작했다. 나르시시즘에 관한 자료를 많이 읽었지만, 내현적 유형에 관한 책은 찾을 수 없었다. 수년간 다양한 출처에서 정보를 수집한 끝에, 내가 필요했지만 찾을 수 없던 책을 직접 쓰기로 결심했다. 이를 통해 다른 생존자들이 치유에 도움이 되는 정보를 한곳에서 얻을 수 있도록 하고자 했다. 책을 준비하면서 100명이 넘는 생존자를 인터뷰했다. 이 책이 정확하고 포괄적이며, 생존자에게 큰 도움이 될 수 있도록 심도 있는 연구를 진행했다. 이런 관계를 경험한 사람들을 점점 더 많이 만나며 그들의 아픔과 상처, 그리고 강인한 모습을 보았다. 나는 겸손해질 수밖에 없었고, 할 수 있는 한 최고로 도움이 되는 책을 만들고 싶다는 열망이 생겼다.

특히 이 책은 내현적 나르시시스트의 특징을 설명하기

위해 사람들의 인터뷰를 가능한 한 많이 담았다. 그들의 신원을 보호하기 위해 모든 이름은 가명을 사용하고, 세세한 부분은 조금씩 바꾸었다.

나는 지역에서 피해자 지원 그룹을 운영하며 이야기의 중요성을 직접 목격했다. 모두가 둘러앉아 모임을 시작할 때 참석자들에게 오늘 밤은 무엇을 기대하냐고 물어보곤 한다. 그러면 "이야기, 나는 이야기를 듣고 싶어, 내가 미치지 않았다는 걸 알기 위해서"라고 수십 명이 한목소리로 말한다. 이 책에는 당신이 경험한 것들을 인식하고, 당신이 겪어온 일이 사실임을 확인하는 데 도움이 되는 이야기가 실려 있다.

또한 치유에 대해 많은 시간을 할애했다. 이 정도까지 읽었다면 아마도 당신은 내현적 나르시시스트와의 관계에서 엄청나게 어렵고 혼란스러운 경험을 겪었거나, 현재 겪고 있을 것이다. 당신은 명확성을 찾고 궁극적으로 이 관계로 인한 상처를 치유해야 한다.

내현적 나르시시스트와 함께 있으면 진정한 나 자신으로부터 멀어진다. 이 책이 본래의 멋진 자아를 되찾는 데 도움이 되길 바란다. 여러분이 찾고 있는 모든 답을 발견하고, 자유와 평화의 상태에 도달하기를 바란다. 지금은 그것이 불가능하게 느껴질 수도 있지만, 믿어보라. 해낼 수 있다.

# 차례

# 내가 알던 그가 내현적 나르시시스트였을 때

"혹시 남편이 나르시시스트인가요?"

"아니요! 내 남편을 그런 단어로 표현할 수는 없어요. 남편은 진짜 좋은 사람이거든요. 그를 안 좋아하는 사람이 없어요. 변호사님도 그 사람 만나보면 좋아하실걸요?"

"네, 바로 그런 사람들이 나르시시스트예요."

이혼 변호사는 에이미의 혼란스러운 얼굴을 보고 가까이 다가가 걱정하며 말했다.

"저는 그런 전형적인 증상을 많이 봐왔어요, 에이미. 집에 가서 최대한 나르시시스트에 대한 정보를 모아보세요. 지금 당신이 어떤 종류의 사람을 상대하고 있는지 알아야 해요."

에이미는 상담을 마치고 혼란스러운 상태로 사무실을 나왔다. **나르시시스트?** 그 단어는 지난 30년간 함께한 남편을 설명하기엔 어울리지 않았다. 남편은 늘 친절하고 존경받을 만한 사람이었다. 그들의 관계가 완벽하지는 않았지만 대부분은 괜찮은 결혼생활이었다고 말할 수 있다. 에이미는 자신이 그렇게 편안한 사람과 함께한 것을 행운이라고 생각했다. 그런데 지난 1년 동안 그의 행동은 완전히 달라졌다. 도무지 앞뒤가 맞지 않는 일이 많았다. 그는 에이미에게 큰 상처를 주고 혼란스럽게 대했다. 그러곤 갑자기 관계를 끝냈다. 결혼의 끝은 에이미에게 충격적일 수밖에 없었다.

에이미는 처음 남편을 만났을 때 자신이 이렇게 좋은 남자를 만난 걸 행운이라고 느꼈다. 그는 에이미의 말을 경청하고 질문하며 그녀를 정말로 알고 싶어 했다. 가족과 친구들도 그를 좋아하며 에이미가 그런 사람을 만난 것을 무척 행복해했다.

그들이 굉장히 비슷하다는 점도 놀라웠다. 모든 것이 수월하게 느껴졌다. 1년간의 데이트는 축복 그 자체였다. 다툴 때도 있었지만, 에이미는 항상 그것이 외부의 탓이라고 생각했다. 그들은 문제를 잘 해결했고 의사소통 역시 훌륭했다. 문제가 생기면 대화를 나누었고, 에이미는 그를 베스트 프렌드로 여겼다.

그런데 최근 남편은 에이미가 전혀 경험해보지 못한 태도로 그녀를 대했다. 친절하고 사랑스럽던 남자는 그녀를 잔인하고 공격적으로 대했다. 남편은 끊임없이 모든 문제를 에이미 탓으로 돌리고, 결혼생활이 무탈하지 않은 것도 그녀 때문이라고 비난했다. 모든 것이 갑작스럽게 튀어나온 것처럼 보였다. 30년의 결혼생활을 끝으로 남편은 혼자 이사를 가고, 에이미 없이 더 행복하다는 듯 행동했다. 이제 모든 것이 끝났다는 사실도 전혀 아랑곳하지 않는 것 같았다. 그에 따르면 자신은 예전부터 집을 나가고 싶었고 모든 것이 에이미 때문이라고 말했다.

에이미는 변호사의 충고를 받아들이고 이 어지러운 퍼즐을 이해하기 위해 나르시시즘에 대한 논문과 책들을 읽기 시작했다. 나르시시스트의 특성을 읽으면서 '남편 같지는 않은데'라는 생각을 떨칠 수 없었다. 각 책에는 현란하고 값비싼 차를 몰고, 화려한 집을 자랑하길 좋아하며, 공격적이고 자기중심적인 사람이 묘사되어 있었다. 그녀는 극단적으로 보이는 가스라이팅 사례들도 읽었다. 동시에 남편의 젠체하는 이미지와 겹치는 부분을 발견했다. 공감 결여, 분노, 낮은 자아감, 통제, 조종, 이기심과 같은 기본적인 특성들을 읽었다. 과거에 보지 못한 많은 것에 눈을 뜬 듯한 기분이었다.

그녀는 결혼생활이 평탄하다고 믿었지만, 그동안 일어난 문제들이 자신 때문이라고 믿으며 수십 년을 자기의심 속에서 보냈다. 지금도 남편이 말한 것이 사실이 아닐까 의구심이 남아 있다. 하지만 분명 남편으로부터 받은 대우가 잘못되었다고 느낀다. 남편은 매사 자신감 있고 무척 이성적으로 보였다. 에이미에게 한 그의 말들은 잔인했지만, 사랑스런 말과 섞여 있어서 더욱 헷갈렸다. 실제로 남편과 대화할 때 어지럽고 구역질 증세까지 있었다. 뚜렷하게 생각하기가 어렵고 그로부터 짓밟히고 얕잡히는 느낌을 받았다. 그의 말들은 분명 모욕적이었다. 그는 에이미에게 어떻게 살아야 하는지 인생에 대해 '가르치려' 들었다.

에이미는 가까운 친구들과 가족들에게 전화해 이렇게 물었다.

"남편이 말한 것처럼 내가 통제적이고 조종하는 사람인데 나만 그걸 못 보고 있는 걸까? 내가 배려심이 없어? 내가 이기적인 걸까? 내가 나를 더 이상 제대로 볼 수 없나 봐."

에이미는 제정신을 잃을 것 같아 진정한 자신의 모습을 상기해줄 사람들이 필요했다. 그녀는 감정적이고 불안정한 반면, 남편은 침착하고 이성적이어서 자신을 더욱 의심하게 되었다. 그녀는 나르시시즘에 대한 책들을 열정적으로 읽기 시작했다. 이 주제를 전문으로 다루는 상담사도 만났다. 상담사는 다음과 같은 이상한 질문들을 던졌다.

"남편에게 마트에 갈 때 뭘 좀 사 오라고 부탁하는 경우가 있다고 했지요. 남편이 그런 걸 자주 잊어버리나요?"

"네, 한 70퍼센트 정도는 그랬던 것 같아요. 그가 부엌에 갈 때 제가 물 한 잔 갖다 달라고 말을 해요. 그러면 흔쾌히 '알았어!' 하고 대답을 하긴 해요. 그런데 열 번 중 일곱 번은 빈손으로 와서는 '아, 진짜 미안해. 완전 까먹었어' 그러는 거예요. 매번 기분이 안 좋은 것 같더라고요. 나는 항상 괜찮다고 말해요. 그런데 그런 상황이 너무 잦으니까 짜증 나고 당혹스럽긴 하죠. 그래도 그런 건 순수한 실수니까 화를 내는 건 맞지 않다고 생각했어요. 이런 게 나르시시스트들이 보통 하는 행동이라고요?"

"네, 정확하게 그렇습니다. 남편이 한 번이라도 되돌아가서 물을 가져다준 적이 있나요?"

"아니요, 결단코. 한 번도 그런 적이 없어요."

"생일은 어떤가요?" 상담사가 질문했다. "그와 함께 보내는 시간은 어땠나요?"

"끔찍했죠. 그런데 문제는 제가 상담사님께 그 이유를 정확히 설명할 수 없다는 거예요." 에이미의 얼굴은 혼란에 휩싸였다. "제게 불친절하지 않아요. 남편은 항상 선물을 사주고 가끔은 외식을 가기도 해요. 그런데 어떤 이유에선지, 내 생일인데도 항상 내가 눈물을 흘리고 그에게 사과를 하는 식으로 끝이 났어요. 지금은 그때 왜 그랬는지 이유조차 기억이 안 나요. 아마도 그에게 충분히 고마워하지 않아서? 그가 뭔가를 사주긴 하는데 대개는 내가 원하는 게 아니에요. 그러면 그는 자신이 그 선물을 어떻게 구했는지 그 안에 담긴 온갖 생각과 노력을 길게 늘어놔요. 나는 내키진 않지만 그래도 큰 리액션을 해줘야 한다고 느껴요. 그러고 나면 진심으로 감사하지 않은 것 같아서 기분이 안 좋아지는 거예요. 생일은 항상 실망스러웠고, 그날이 끝이 나야 기뺐어요. 어떤 이유에선지 내가 지쳤어요. 남편이 나를 축하하고 대접하는 걸 즐거워한다고 느낀 적이 없어요. 그 사람은 항상 나를 위해서 뭔가를 해줘야 한다고 신경질이 난 것 같았어요. 가끔씩 돈을 많이 쓰고 거창한 것들을 사주기도 했어요. 실은 그가 쓴 비용 때문에 내가 스트레스를 받죠. 그가 치른 수고로움 때문에 내가 어떤 말도 하면 안 된다고 느꼈어요."

"남편이 당신에게 거창한 것을 주고 그럴싸한 몸짓을 할 때, 주변에 다른 사람들이 있었나요?"

"글쎄요, 생각해보니 항상 그랬네요. 재밌네요. 한 번도 그런 걸 생각해본 적이 없는데. 우리 둘만 있을 때 그가 나를 정말 잘 이해하고 아낀다는 특별한 무언가를 보여준 적이 없었던 것 같아요. 돌이켜보면 내 생일조차 사랑받는다는 느낌이 든 적이 없어요."

질문에 답을 하면서 에이미는 배울 것이 더 많다는 사실을 깨달았다. 어느 날 나르시시스트 학대 문제에 풍부한 경험을 가진 또 다른 상담사에게 자신의 이야기를 한 뒤, 에이미는 그간의 공부에서 보지 못한 그녀의 모든 것을 바꾼 한 단어를 듣게 된다. 상담사는 "당신 남편은 내현적 수동-공격형 나르시시스트 같아요. 그 유형은 알아보기가 가장 힘든 부류예요"라고 말했다.

에이미는 등골이 오싹해졌다. "더 자세하게 말해주세요." 생전 처음으로 모든 것이 이해되기 시작했다. '나르시시스트' 앞에 '내현적 수동-공격형'이라는 말을 듣게 되면서, 그동안 자신에게 일어난 일을 이해하기 위해 했던 지적 탐구에서 빠진 한 조각을 맞추게 되었다. 이로 인해 그녀의 삶을 영원히 바꿀 여정이 시작되었고, 끝내 자신이 절실하게 필요로 했던 명확성과 마땅히 받아야 할 치유를 찾을 수 있었다.

에이미는 이제 페루 소재의 몇몇 산에서 여러 나르시시즘 치유 방법으로 사람들을 지도하며 충만함과 행복을 느낀다. 수년 전 처음으로 결혼생활의 진실을 발견했을 때, 이렇게 자유롭고 행복할 줄은 꿈에도 생각하지 못했다. 그녀는 이제 다른 사람들에게 영감과 희망을 주는 오라aura를 갖고 있다. 자신이 누구인지 알고 절대적으로 스스로를 믿는 법을 배우고 있다.

당신은 에이미 이야기의 일부, 아니 어쩌면 많은 부분에 공감할 것이다. 당신은 당신 삶에서 너무나 당혹스러운 사람을 이해하려고 독자적인 공부를 하고 있을 것이다. 이 책은 그런 사람들에게 명확성, 힘, 이해를 전하고자 한다. 희망을 줄 뿐만 아니라 공부를 도울 수도 있다.


'나르시시스트'라는 단어가 너무 많이 사용되고 오용되어 있다. "그 남자는 너무 나르시시스트적이야!", "정말 내 옆에도 나르시시스트가 있어!" 사람들은 보통 이 단어를 이기적이고 오만한 사람을 가리킬 때 사용한다. 본래 정의는 훨씬 더 깊이 들어가야 한다. 이 단어가 부주의하게 사용될 때, 진짜 나르시시스트에게 노출된 피해자들의 고통스러운 현실이 희석된다. 진짜 나르시시스트를 경험한 사람은 이 단어를 결코 가볍게 던지지 않을 것이다.

우리는 사람들에게 라벨을 붙이는 경향이 있고, 그것은 때로 해롭기도 하다. 그러나 이 경우에는 라벨이 중요하다. 피해자가 답을 찾다가 파트너, 부모, 직장 동료가 내현적 나르시시스트임을 마침내 알게 되면 많은 것이 이해되기 시작한다. 이는 사태를 받아들이고 치유를 시작하는 데 결정적인 도움이 된다.

나는 한 생존자에게 치유와 회복을 말한 적이 있다. 그녀는 눈물을 흘리며 나를 바라보았다. 목소리를 떨며 "그게 정말 가능하다고 생각하세요?"라고 물었다. 이 책은 바로 그녀와 같은 경험을 한 사람들을 위한 것이다. 온전한 치유와 자유는 정말로 가능하다. 나 역시 나르시시스트의 산증인이다. 희망은 분명 있다. 당신이 경험할 치유는 온전하고, 당신의 내면 깊은 곳으로 데려다줄 것이다.

성별 상관없이 우리 모두가 이 파괴적인 성격장애에 영향을 받는다. 내가 인터뷰한 대부분의 사람은 이 관계를 설명하는 데 애를 먹었다. 모두의 얼굴에 늘 가시지 않는 당혹스러움이 피어올랐다.

이런 일은 굉장히 자주 일어난다. 다만 학대가 감춰져 있고 미묘해서 설명하기가 어려울 뿐이다. 그 나르시시스트들은 소리를 지르지도 않고 신체적으로 학대를 하지도 않는다. 그래서 눈에 보이는 상처가 없다. 그러나 정신에 미치는 영향은 막강하다. 인터뷰한 사람들과 마찬가지로 나도 내현적 나르시시스트(실은 여러 명)를 겪었다. 실상을 모른 채 오랫동안 교묘하게 학대받는 것이 어떤 것인지 나도 잘 알고 있다. 내현적 나르시시스트 유형에 대한 정보를 찾는 과정이 어떤지도 알고 있다. 처음에는 나르시시스트 성격장애를 발견하고 제대로 된 궤도에 있다고 생각할 것이다. 그러다 당신이 경험한 바와는 완전히 다른 내용들을 읽게 된다. 당신은 공격적인 행동, 신체적 학대, 극적인 속임수 이야기를 읽고 어쩌면 제대로 된 정보를 찾는 궤도에서 벗어났다고도 생각할 것이다. 당신의 내현적 나르시시스트와의 경험은 책에서 읽은 내용과 비교했을 때 그리 심각하지 않다고 느껴질 수도 있기 때문이다. 그러면 당신이 겪었던 고통은 줄어들되 혼란은 가중된다. 그래서 나는 그간 내가 배운 모든 것을 책을 통해 한곳에 모으는 과정이 중요하다고 생각했다.

우울하고 기운이 없으며 낮은 자존감, 불안과 혼란을 경험하는 많은 이들이 도움을 구하고자 상담을 받으러 간다. 이들이 겪는 문제의 원인이 연인과의 관계, 부모와의 관계 또는 직장에서의 인간관계에서 비롯된 학대 때문이라는 사실을 모르는 경우가 많다.

어떤 피해자들은 나르시시스트를 이해하지 못하는 상담사나 주변인들로부터 제2의 트라우마를 겪는다. 대부분의 상담사는 내현적 나르시시즘 유형을 교육받지 않았다. 외현적 유형만을 고등 교육에서 가르치기 때문에 대개 내현적 유형의 징후와 특성을 인식하지 못한다. 내현적 유형과 관계가 있어 10년 동안 상담을 받은 한 여성이 있다. 그녀는 여러 명의 상담사를 만났는데, 그 누구도 그녀의 우울, 불안, 무기력을 도울 수 없다고 말했다. 상담사들은 그녀가 학대 관계에 있음을 파악하지 못했던 것이다. 마침내 한 상담사가 상담 15분 만에 그녀가 내현적 학대 관계에 있음을 간파했다.

이런 이야기는 정말 흔하다. 그 여성은 수년간 자신에게 문제가 있다고 생각하며 살았다. 그녀는 상황을 인지하지 못한 채 집에서 교묘하게 조종되고 무시당했다. 그녀의 몸은 반응하고 있었다. 내면이 서서히 죽어갔지만 원인이 무엇인지 갈피를 잡을 수 없었다. 내현적 나르시시즘의 징후를 파악했던 상담사가 끝내 나타나지 않았다면 어떤 상황까지 가게 되었을까.

이별이나 이혼으로 관계가 최종 결정될 때 피해자들은 도대체 무슨 일이 일어나고 있는지 파악하기 어렵다. 내현적 나르시시스트와의 관계가 끝나는 것은 갑작스럽고 고통스럽다. '일반적인' 이혼처럼 보일 수 있지만, 절대 그렇지 않다.

선의의 친구들과 가족들은 왜 당신이 파트너에게 화를 내기 힘들어하는지, 왜 누구와도 다시 데이트하려 들지 않는지, 왜 회복하고 과거의 모습으로 되돌아가는 데 오랜 시간이 걸리는지 의아해한다. 이별은 삶의 일부분이지만 이런 유형의 이별은 완전히 다르다. 당신이 겪은 것을 온전히 이해하는 사람은 같은 일을 직접 겪은 사람들밖에 없다.

당신이 이 책을 골랐을 때 옳은 트랙에 서 있는지 의아해할 수도 있다. 당신이 너무 극단적으로 예전 파트너나 부모, 직장 동료가 나르시시스트라고 비난하며, 공격할 누군가를 찾고 있는 것은 아닌지 마음 쓰고 있을 수도 있다. 이 지점에서 분명히 짚고 넘어가야겠다. 건강한 사람들과 함께한 사람들은 '해로운 관계', '에너지 뱀파이어', '졸렬한 배우자', '혼란스러운 관계', '감춰진 학대', '교묘한 학대', '조종', '나르시시즘', '내현적 나르시시스트', '소시오패스' 같은 단어를 온라인 검색창에 입력하지 않는다는 사실이다. 사랑이 식었다거나 안 맞는다거나, 서로 다른 것을 원해 이혼이나 이별을 겪는 사람들도 마찬가지로 그런 단어를 검색하지 않는다. 만약 당신이 현재 상황이 굉장히 혼란스러워서 답을 구하고자 했다면, 당신은 똑똑하게 옳은 길을 가고 있는 것이다. 당신 몸이 누군가의 주변에 있을 때 약해진다는 느낌을 받는다면, 몸이 뭔가 잘못되고 있음을 인지한 것이다.

당신의 본능, 직관, 몸의 느낌을 믿으라. 지금껏 당신 인생에서 만난 나르시시스트는 당신에 관해 정반대의 메시지를 주었으리라 확신한다. 당신에겐 잘못이 없다. 당신은 지금 당신이 스스로를 신뢰하는 것 이상으로 본인을 잘 알고 있다. 당신은 억눌리고 거짓말을 듣고 조종을 당해왔다. 그 결과 자연스럽게 자기의심이 걷잡을 수 없이 커졌다. 그런 반응은 정상이며, 나는 100퍼센트 이해할 수 있다.

당신이 겪은 일은 결코 사소한 일이 아니다. 여러 유형의 나르시시스트가 있다. 내현적 나르시시즘은 마음, 정신, 신체를 가장 심하게 파괴하는 유형 중 하나다. 왜냐하면 오로지 겪은 사람만이 그것을 알아보기 때문이다. 당신 주변에 있는 다른 사람들은 나르시시스트를 좋은 사람이라고 생각하고, 그런 엄마, 남편, 아빠, 아내, 남자친구, 직장 상사, 친구가 있는 당신만큼 행운이 있기를 바랄 것이다. 주변 사람들은 예전에 당신이 오랫동안 가졌던 느낌으로 나르시시스트를 대한다. 그들도 똑같은 허상을 목격하지만 아직 나르시시스트의 진실을 알아보지 못한다.

나는 눈이 열리면 열릴수록 가슴이 터질 것 같은 슬픔과 분노를 느꼈다. 이 깨달음은 시간, 공부, 지지를 통해 내 안에 있는 더 큰 힘과 희망으로 바뀔 수 있었다. 당신에게도 이런 과정이 일어날 것이다. 내현적 나르시시스트와 살고 있다면 당신은 오랫동안 억눌림을 받아왔을 것이다. 진짜 사랑이 아닌 사랑의 허상을 경험하였다. 거짓말을 듣고 조종당하고 통제받았다. 당신의 목소리는 경청되지 않고 존중받지 못했다. 무시당하고, 배려한다고 말만 하면서 실은 자신만을 생각하는 사람으로부터 잔인하게 버림받았다. 당신은 설명하기 어려운 사람, 사람을 미치게 만드는 관계를 경험하였다. 당신의 자신감, 삶에 대한 열정, 모험적 혼, 내면의 빛이 소리 소문 없이 사그라졌다. 우울과 절망을 느끼지만 그것을 다른 사람에게 말하거나 공개적으로 표현하는 것이 두려웠을 것이다. 나도 같은 경험을 했기 때문에 십분 이해한다. 생존자에게 흔히 있는 일이다.

그러나 희소식이 있다. 이제 당신이 겪은 일의 진실과, 당신이 얼마나 찬란하고 귀중한 존재인지를 깨달을 새로운 여정이 시작되었다. 시간이 흐르면서 당신의 머릿속은 명확해지고 현재로서는 상상하기 어려운 힘과 자유를 느끼게 될 것이다. 나를 믿어도 괜찮다. 가능하다. 당신은 진짜 사랑을 경험하고, 당신이 겪어온 일 때문에 사랑의 모든 순간을 더 소중히 여길 것이다. 당신의 빛은 예전보다 훨씬 더 밝게 돌아올 것이다. 당신은 사람을 사랑하고 전에는 할 수 없던 방식으로 타인을 도울 것이다. 자유로워지고 삶이 정말로 즐겁고, 세상에 존재하는 사실에 기쁨을 느낄 것이다. 이 모든 일이 이뤄질 것이다.

나는 수년간 내 상황을 이해하고 치유하기 위해 연구를 해왔고, 많은 이들이 직면한 어려움을 더 수월하게 해결하도록 내가 배운 모든 중요한 정보를 이 책 한 권에 담았다. 책을 준비하면서 많은 관련 도서와 논문을 읽고, 세계 전역에 흩어진 피해자들을 인터뷰했다. 그들은 내현적 나르시시스트를 부인, 남편, 엄마, 아빠, 형제자매, 직장 상사, 남자친구, 여자친구, 단순한 친구 관계로 만난 사람들이었다. 매 인터뷰는 놀라웠다. 각각의 이야기가 다르고 관계 유형도 달랐지만, 레스토랑 테이블 건너편에서나 스카이프 너머로 그들의 이야기를 들을 때마다 마치 거울을 보고 있는 듯한 느낌을 받았다. 이 용감한 사람들 덕분에 모든 정보를 한곳에 모아야겠다는 동기가 강해졌다.

　나는 이 분야의 상담사들, 라이프코치들과도 인터뷰했다. 그들은 엄청난 도움을 주었고 그들에게서 배운 내용 역시 나누도록 하겠다. 이 책의 말미에 더 공부할 수 있도록 유용한 참고자료 목록을 실었다.

　이 길이 외로운 길이라 느낄 것이다. 당신이 나르시시스트의 단면을 볼 수 있는 거의 유일한 사람이기 때문이다. 당신이 혼자라는 느낌이 들지 않도록 이 통계를 소개한다.

　세계 나르시시스트 학대 자각의 날 웹사이트(wnaad.com)에 따르면, "미국에서만 1억 5,800만 명 이상의 사람이 나르시시스트 성격장애 혹은 반사회적 인격장애를 가진 사람에 의해 학대받고 있다."

나르시시스트 성격장애는 점점 늘어나고 있는 중대한 문제다. 내가 인터뷰한 한 상담사는 자신도 무슨 일이 일어나고 있는지 잘 몰랐었다고 말했다. 알고 보니 지난 수년간 상담을 받으러 온 모든 사람이 나르시시스트 학대 문제 때문이었다. 그녀의 상담 예약은 끊임없이 꽉 차 있다.

　　당신은 결단코 혼자가 아니다. 나는 인터뷰를 위해 사람들을 만나면서 존재하는지조차 몰랐던 세상을 발견했다. 생존자들 사이에는 서로 만났을 때 즉각적인 연결감, 안전감, 이해가 넘쳐흘렀다. 우리는 이야기를 들으며 안도의 마음으로 열심히 고개를 끄덕이는 서로를 발견했다.

　　나는 이 책에서 내현적 나르시시스트 학대에 노출된 사람을 가리킬 때 세 용어를 사용했다. 만약 당신이 나르시시스트적인 행동에 노출된 적이 있다면, 당신은 피해자이자 타깃이면서 생존자이기도 하다. 보통 사람들은 '피해자 정신 상태'를 경계하라는 이야기를 듣기 때문에 '피해자'라는 단어가 불쾌하거나, '약자'라는 의식이 강화되거나, 방어 기제가 발동되는 등의 반응을 보일 수도 있다. 진실은 당신은 피해자였다는 것이다. 그렇다고 해서 남은 인생 동안 그 정체성이 당신을 먹구름처럼 따라다니게 할 필요는 없다. 당신은 한때 해를 입은 사람이었다. 그것이 피해자에 대한 정의다.

　　믿기도 받아들이기도 어렵겠지만, 당신은 또한 타깃이었

다. 내현적 나르시시스트는 특정 유형의 사람을 찾는다. 그들은 친절하고, 진실하며, 자기 성찰적이고, 배려심 있고, 다정한 사람들을 찾아다닌다. 그들의 에너지 공급원을 물색하는 것이다. 당신에게 이런 특성이 없다면 당신은 그들에게 쓸모가 없다. 나르시시스트의 조종 전술이 먹히지 않기 때문이다.

당신은 생존자이기도 하다. 교묘하게 조종당하는 학대를 겪었지만, 여전히 건재하다. 많은 사람이 감정적으로 긴 세월 시달리다 더는 그 관계에 있고 싶지 않을 때 빠져나온다. 그렇기에 당신이 매일 아침 일어나 여전히 존재한다는 사실은 인정받고 칭찬받아 마땅하다. 당신은 생존자다. 당신이 생각하는 것보다 당신은 훨씬 강한 사람이다. 이 책을 통해 명확성과 이해를 얻길 바란다. 당신의 자유로운 시작을 환영한다.

✦ **일러두기**

소괄호 (( )) 안의 내용은 지은이 주이며, 대괄호 ([ ]) 안의 내용은 옮긴이 주이다.

# 1

## 내현적 수동-공격형 나르시시스트는 어떤 사람들인가?

나르시시스트에는 여러 유형이 있다. 인터넷에서 '나르시시스트 유형'을 검색하면 다양한 유형 및 하위 유형을 설명한 수많은 논문을 발견할 수 있다. 예를 들어, 외현적 유형, 내현적 유형, 육체적 유형, 지적인 유형, 기생적 유형, 부메랑 유형 등으로 분류되기도 한다. 모든 나르시시스트에게는 공통된 핵심 특성이 있다. 이 특성들의 공식 목록은《정신질환의 진단 및 통계 편람》제4판에 나와 있다. 정신건강 전문가들은 이 매뉴얼을 사용해 환자를 진단한다.

매뉴얼에 따르면, 환자에게 다음 특성 중 최소 다섯 개가 있으면 나르시시스트 성격장애가 있다고 진단한다. 과대성(머릿속에서든 행동에서든), 존경받고자 하는 강한 욕구, 공감 결여가

만연한 패턴 등이 초기 성인 단계에서 시작되어 여러 맥락에서 다음과 같은 특징들로 나타난다.

1. 과대한 자기 중요성을 지니고 있다. 성취와 재능을 과장하고, 실제 성취가 없어도 자신은 우월하다고 믿으며, 인정받기를 기대한다.

2. 큰 성공, 지배력, 탁월함, 아름다움, 이상적인 사랑에 대한 환상에 사로잡혀 있다.

3. 자신은 특별하고 독특하며, 높은 지위에 있는 사람들(혹은 기관들)만이 자신을 이해할 수 있다고 믿는다.

4. 과도한 존경을 필요로 한다.

5. 특권 의식이 있다. 특별히 호의적인 대우를 받아야 하며, 자신의 기대에 상대방이 자동으로 부응해야 한다고 생각한다.

6. 대인관계에서 착취적이다. 자신의 목적을 위해 타인을 도구로 이용한다.

7. 공감이 없다. 다른 사람의 감정과 필요를 인식하거나 이해하려 하지 않는다.

8. 타인을 질투하거나 타인이 자신을 질투한다고 믿는다.

9. 행동이나 태도가 거만하고 불손하다.

이 리스트를 통해 나르시시스트라고 생각한 당신 머릿속의 그 사람과 얼마나 잘 맞아떨어지는지 알 수 있을 것이다. 이 리스트가 그 사람과 정확히 일치하지 않아 당황스러울 수도 있다. 아니면 한두 가지 특성만 일치할 수도 있다. 만약 대부분이 일치하지 않거나 몇 가지 특성만 맞는다면, 그 사람은 나르시시스트가 아니거나 내현적 나르시시스트일 가능성이 크다.

메리엄웹스터 사전에 '내현적'이라는 단어는 '공개적으로 표가 나지 않음'으로 정의된다. '수동-공격성'은 '부정적인 감정, 분노, 공격성을 단호하지 않은 소극적인 방식으로 표현하는 행동'을 의미한다.

나르시시스트 특성에는 외현적 유형과 내현적 유형이 모두 포함된다. 차이점은, 내현적 나르시시스트는 사람들이 자신을 좋아하길 바라기 때문에 자신의 어두운 속성을 숨긴다는 것이다. 그들에게 평판은 매우 중요하다. 외현적 나르시시스트는 대개 짜증을 유발하는 사람들이다. 보통 사람들은 그런 유형을 좋아하지 않는다. 그들은 여봐란듯이 행동하며 자신의 성취를 자랑하기 좋아한다. 이야기의 중심은 항상 그들 자신이다. 외현적 나르시시스트는 방 안의 사람들이 자신을 비웃고 있어도 자신의 위대함과 성취를 끊임없이 떠드는 유형이다.

외현적 나르시시스트는 결혼과 연애 기간이 짧은 경향이 있다. 그러나 내현적 나르시시스트는 수십 년간 결혼생활을 하더라도 상대방이 그들의 진짜 모습을 모르는 경우가 태반이다. 내현적 나르시시스트와 긴 시간 데이트를 이어가는 것도 흔하다. 내현적 나르시시스트 성향의 부모 밑에서 자란 자녀도 30대가 될 때까지 부모의 진실을 깨닫지 못하는 경우가 많다.

내현적 나르시시스트는 흔히 인상적인 직업을 갖고 있다. 그들은 목회자, 영적 지도자, 상담사, 비영리 단체의 대표이기도 하며, 매력적이고 상대를 진심으로 배려하는 것처럼 보이는 정치인일 수도 있다. 내현적 나르시시스트는 과대한 자의식을 갖고 있고, 지배력에 대한 환상에 사로잡혀 있으며, 과도한 존경을 필요로 하지만 이러한 속성을 감춰 다른 사람들이 자신을 좋아하고 신뢰할 수 있도록 만든다. 그들은 자기중심적인 특성이 드러나면 사람들이 자신을 좋아하지 않을 것을 알고 있다. 자신이 '특별하고' 대접받아야 한다고 믿지만 그것이 드러나면 외면받을 것을 알고 있다. 사랑받고 존경받기 위해 겸손하게 보여야 함을 알고, 사람들을 다루는 방법과 매력을 느끼게 하는 방법도 잘 알고 있다. 한마디로 내현적 나르시시스트는 조종의 달인이다. 그들은 공감 능력이 없지만 공감적으로 행동하는 방법을 연기한다. 그들은 당신의 눈을 바라보며 당신의 말을 경청하고 있음을 느끼게 한다. 하지만 실제로는 당신을 전혀 배려하지 않는다. 그들은 당신의 감정을 따라 하며 공감하는 것처럼 보이게 한다. 내현적 나르시시스트는 배려하는 척하는 방법을 관찰하고 학습한다. 그들은 다른 사람들의 관심을 통해 성장한다. 그들을 대단하다고 생각하는 사람들이 바로 그들의 에너지 공급원이다. 나르시시스트 주변에는 그들을 사랑하고 존경하며 거의 완벽하다고 여기는 사람들이 있다. 어떤 경우에는 그들을 숭배하는 것처럼 보이기도 한다.

〈성스러운 지옥Holy Hell〉이라는 다큐멘터리는 20년 이상 많은 추종자를 거느리며 사이비 종교를 이끈 내현적 나르시시스트의 예를 보여준다. 그를 따르는 사람들은 바보가 아니다. 피해자들은 똑똑하고 친절하며, 재능 있고 다정한 사람들이다. 그러나 그들은 자신을 사랑하고 아끼는 것처럼 보이는 내현적 나르시시스트에 의해 착취당하고 이용당하며 설득당했다.

오랫동안 내현적 나르시시스트와 함께 생활한 후에는 이 성격장애를 이해하지 못하는 상담사를 통한 정규 치료보다 실제로 이단 탈출 프로그램이 더 유익할 수 있다. 내현적 나르시시스트와의 관계 종료는 사이비 종교에서 빠져나올 때의 경험과 비슷하다. 치유하고 명확하게 보기 위해서는 많은 탈프로그래밍이 필요하다. 첫 단계는 정말 고통스럽다. 다큐멘터리의 마지막 인터뷰를 보면 사람들이 사이비 지도자를 마침내 떠날 때 느끼는 생각과 감정에 당신이 얼마나 공감하는지 놀랄 것이다. 당신이 사이비 종교에 빠지지는 않았지만 매우 유사한 경험을 했기 때문이다.

내현적 나르시시스트는 외부 세계에서 호감을 산다. 그들은 베풀고, 겸손하며, 친절한 것처럼 보인다. 그들의 파괴적인 특성을 간파한 사람은 그들을 친밀하게 알고 지낸 사람들뿐이다. 외부 세계는 그들을 '좋은 사람'으로 본다. 많은 상담사는 그 가면 때문에 내현적 나르시시스트를 꿰뚫어 보지 못하고, 오히려 그들의 친절함과 깨어 있음에 깊은 인상을 받는 경우도 많다. 내현적 나르시시스트는 중년에 접어들면서 그들의 행동을 더욱 강화한다. 그들은 타인을 비난하고 자신에게 문제가 있다고 생각하지 않기 때문에, 거의 변하지 않는다.

모두가 표면적으로는 내현적 나르시시스트를 좋아한다. 하지만 이들은 자신을 깊이 아는 사람들과 오랜 우정을 쌓지 못하는 경우가 많다. 물론, 수년 동안 알고 지내는 친구가 있을 수 있지만, 이는 친구들이 나르시시스트의 진짜 모습을 **모르기** 때문이다. 또한 이들에게는 파트너가 없는 경우가 드물다. 그들은 당신을 버린 후 보통 다른 공급원, 즉 당신이 그 나르시시스트를 처음 만났을 때처럼 '좋은 남자'나 '좋은 여자'를 찾은 것이 행운이라고 생각할 또 다른 타깃으로 재빨리 이동한다.

많은 경우 딸들은 내현적 나르시시스트인 엄마를 평생 베스트 프렌드로 생각한다. 자신을 가장 사랑한다고 믿었던 사람이 사실은 자신을 이용해왔다는 사실을 깨닫는 것은 큰 충격이다. 딸들은 더 이상 무엇을 믿어야 할지 혼란스러워하지만,

이 새로운 깨달음은 자라면서 받은 혼란스러운 메시지를 검증하는 데 도움이 된다.

내현적 나르시시스트는 모든 일을 자기중심적으로 하지만 겉으로는 그렇게 보이지 않는 방법을 알고 있다. 예를 들어, 당신이 아프거나 수술이나 부상에서 회복 중일 때 돌보는 일을 경멸한다. 이를 말로 표현하지 않지만 당신은 경멸을 느낀다. 수동-공격적인 방식으로 당신에게 이를 드러내지만, 가족과 친구들에게는 당신에게 얼마나 많은 감정을 가지고 있는지 말하며, 특별하게 보살피는 것처럼 보이게 한다. 훌륭한 돌봄자의 이미지를 만드는 것이다. 주변 사람들은 이렇게 다정하고 사랑스러운 사람이 당신 곁에 있음을 굉장한 행운이라고 생각한다. 내현적 나르시시스트는 당신을 돌보는 척하지만 당신은 그의 분노를 느끼고, 그에게 도움을 받는 것처럼 보이지만 실제로는 외롭고 지지받지 못하는 느낌을 받는다.

외현적 나르시시스트는 소리를 지르고 욕하며 당신이 게으르다고 탓하면서 책임을 떠넘긴다. 반면 내현적 나르시시스트는 게으르다고 생각한다는 느낌을 주지만 말로 표현하지는 않는다. 돌보는 것을 얼마나 싫어하는지 느끼게 하지만, 이를 입 밖으로 꺼내지 않는다. 직접적으로 탓하지 않으면서도 미묘한 메시지를 통해 당신 스스로에게 질문을 던지게 한다. 당신이 너무 예민해서 의미를 붙이는 것이라 생각하고 결국 사과하게 된다. 내현적 나르시시스트는 관심이 다시 자신에게 집중되도록 조작하고, 당신은 이런 일이 일어나고 있는지조차 알아차리지 못한다.

내현적 나르시시스트는 불친절한 일을 하면서도 이상하게 사과는 항상 상대방이 하게 만든다. 당신이 잘못했다고 느끼는 것은 드문 일이 아니다. 이들과 함께 지내면 자신의 직감과 본능을 무시하게 되고, 시간이 지나면서 나르시시스트를 더 믿게 된다. 결국 그들이 원하는 방식으로 현실을 보도록 천천히 프로그래밍되며, 그들은 꾸준히 당신을 '공급원'으로 통제하고 조종한다.

흔히 생존자들은 겪은 일이 심각하지 않은 것 같고, 주변에서 자신이 문제가 있다고 생각할까 봐 두려워 설명하기 어려워한다. 지역 지원 그룹에서 생존자들에게 자주 들은 말은 "사람 미치게 한다"였다. 한 사람이 그 단어를 꺼낼 때마다 방 안에서는 자기만 그런 것이 아니라는 공감과 안도의 미소, 열정적으로 고개를 끄덕이는 모습을 볼 수 있었다.

많은 생존자는 이러한 숨겨진 학대를 경험하지 않은 주변 사람들로부터 오해를 받고, 그로 인한 외로움을 느꼈다. "그렇게 심하지 않을 수도 있다는 걸 알고, 말하기도 부끄럽지만…"으로 말문을 여는 경우가 많았다. 한 사람이 자신의 이야기를 털어놓으면, 방 전체가 "저도 완전히 이해해요!"라는 다른 생존자의 말로 가득 찼다.

사랑하고 당신에게 사랑을 줬다고 철석같이 믿었던 사람이 내현적 나르시시스트라는 것을 처음 깨닫기 시작하면, 그 사실을 받아들이기 괴롭다. 그 사람을 오랫동안 전혀 다른 시각에서 보아왔기 때문이다. 현재 분노와 적대감으로 당신을 대하는 그 사람과 과거의 그 남자 또는 그 여자를 조화시키려는 시도로 뇌가 고군분투한다. 인지부조화를 겪으며 두 가지 상충되는 생각이 마음속에 동시에 존재한다. 이로 인해 고통스럽고 지칠 수밖에 없다.

내현적 나르시시스트는 오랫동안 사랑스러운 파트너로 보인다. 그러나 관계가 끝날 무렵 그들의 행동은 갑자기 공격적으로 변한다. 이 시기에《정신질환의 진단 및 통계 편람》에 나열된 나르시시스트 특성이 더욱 분명해진다. 자신이 대접받을 권리가 있다는 인식, 우월감, 오만한 태도가 현저히 뚜렷해진다. 여전히 다른 사람들에게는 은밀하게 행동하지만, 생존자는 더 많은 뚜렷한 특성을 목격하고 경험하게 된다. 생존자인 당신이 자신을 믿기 시작하면, 그들의 가면은 깨진다. 피해자가 강해질수록 통제하고 조종할 수 있는 능력은 줄어든다. 이때 그들은 더 이상 피해자를 필요로 하지 않는다. 피해자가 더 이상 에너지를 공급하지 않기 때문이다. 이 순간이 그들이 가장 분노를 느끼는 때이며, 그로 인해 행동이 더욱 공격적이고 잔인하게 변한다.

피해자는 그 관계를 떠난 후에야 자신이 얼마나 우울하고 외로움을 느꼈는지, 끊임없는 피로와 건강 문제, 슬픔을 겪었는지, 그 관계가 몸과 영혼에 끼친 피해를 깨닫지 못한 채 다른 이유로 자신을 질책했는지를 알게 된다. 해로운 관계에 있는 동안 많은 건강 문제가 발생하는 상황은 흔하다. 나르시시스트들은 피해자의 영혼을 천천히 망가뜨리고, 피해자는 이를 인식하지 못한 채 결국 자신이 문제인 것처럼 느끼기 때문이다. 이러한 정서적 혼란은 다양한 신체 질병으로 나타나기 마련이다.

"둘 다 간접적인 공격 방법이지만 완벽히 동일하지는 않다. 수동-공격은 그 용어에서 알 수 있듯이, 수동성을 통해 공격하는 것이다. 반면에 내현적 공격은 매우 활동적이다. 누군가가 은밀하게 공격적일 때, 그들은 원하는 것을 얻기 위해 계산적이고 비밀스러운 수단을 사용하거나 공격적인 의도를 숨긴 채 다른 사람들의 반응을 조작한다."
-조지 K. 사이먼,《양의 탈을 쓰다》

수년 동안 보지 못한 것들을 처음 발견하고, 사실이라고 믿었던 것과 일치하지 않는 그림을 조합하는 과정은 상당히 압도적일 것이다. 이 책을 읽으면서 몸이 새로운 생각을 받아들이는 데 도움이 되도록 자주 멈춰서 심호흡을 하라. 우리는 내현적 나르시시스트의 행동이 어떤 모습이고, 이것이 우리에게 어떤 영향을 끼치는지 더 깊이 알아볼 것이다. 그런 다음 치유에 대해 이야기하겠다. 그 지점에서 당신은 숨을 내쉬게 될 것이다. 발견 과정 전반에 걸쳐 자신에게 한없이 친절하면 좋겠다. 이제 당신은 어느 때보다 스스로에게 다정해져야 한다. 치유의 상당 부분은 스스로를 교육하는 데서 시작한다.

　다음 장에서는 내현적 나르시시스트의 전형적인 애정 공세, 폄하, 버림이라는 공통 패턴을 살펴보겠다.

# 2

# 세 단계:
# 애정 공세, 폄하, 버림

나르시시스트 학대에는 전형적인 행동 패턴이 있다. 일반적으로 세 단계 패턴을 따른다. 첫 번째 단계는 보통 애정 공세(또는 **이상화 단계**)로 불리며, 그다음은 폄하, 마지막으로는 버림이다.

이를 단계로 설명하면 행동이 순차적으로 일어난다는 인상을 줄 수 있다. 어떤 면에서는 그렇기도 하지만, 처음 두 단계는 마지막 버림 단계까지 관계 전반에 걸쳐 간헐적으로 일어나기도 한다. 세 행동 사이클이 여러 번 반복될 수도 있다. 각 단계의 조합은 혼란스럽고 어지러운 감정의 소용돌이를 만들어낸다.

나는 연애 맥락에서 이 단계를 설명하고자 한다. 하지만 당신의 삶에 있는 나르시시스트와 어떤 관계에 있든, 설명과 예시를 통해 이 세 단계를 인식할 수 있을 것이다.

## 애정 공세 / 이상화 단계

애정 공세는 처음에 일어난다. 이 단계는 나르시시스트가 앞으로 수년간 충분히 신뢰받고 믿을 수 있는 토대를 마련하는 시기이다. 이 초기 경험으로 인해 당신은 그들을 좋은 사람, 당신을 아끼는 사람, 진심으로 신뢰할 수 있는 사람이라는 렌즈를 끼고 그들이 하는 모든 일을 바라보게 된다.

이상화 단계는 일반적으로 6개월에서 1년 정도 지속된다. 보통 그렇다는 것이지 항상 그런 것은 아니다.

다음은 내가 인터뷰한 피해자들이 애정 공세 단계 동안 그들 삶에 있던 내현적 나르시시스트를 설명한 몇 가지 특성이다.

- 그는 정말 친절했어요.
- 그 여자 같은 사람을 발견한 게 행운이라고 느꼈어요.
- 그는 남달랐어요. 자신의 감정을 말해줬어요.
- 나에 대한 질문을 엄청 하더라고요. 그는 정말로 나를 알고 싶어 했고, 배려하는 것 같았어요.
- 그녀는 좀 부끄럼을 탔어요.

- 우리는 무척 비슷했어요!
- 학대받은 어린 시절을 내게 털어놨어요. 그 사람은 정말 정직하고 취약했어요.
- 그녀는 아름다웠습니다. 내겐 과분했죠. 나를 좋아해주다 니 행운이라고 느꼈어요.
- 그녀는 재미있었어요.
- 그 사람이 내 소울메이트인 것처럼 느꼈어요. 마치 그 사람 을 오랫동안 알고 지낸 것처럼요.
- 그는 흥미롭고 호기심을 자극했어요.
- 그녀는 자신감이 남달랐어요. 자신의 삶을 잘 꾸리는 것 같았죠.
- 그는 아이들과 잘 지냈어요.
- 그와 함께 있으면 안전하다고 느꼈어요.
- 그녀는 정말 제 말을 잘 들어줬어요.
- 그는 겸손하고 친절하며, 세심하고 소통하기 쉬운 사람이 었어요.
- 그는 누구와도 잘 지냈어요.
- 내가 찾고 있던 모든 것을 그녀가 갖고 있었어요.
- 그는 영적이고 개방적이며 철학적이었어요.
- 그는 부드러웠어요. 다른 관계에서 많은 분노를 경험한 뒤라 그 점이 너무 좋았고, 나는 모든 것을 완전히 인식하

고 이 관계에 들어간다는 느낌이었어요.

- 우린 모든 것을 서로 이야기했어요. 의사소통이 훌륭했습니다.
- 이런 여자가 세상에 존재하다니!
- 친구들과 가족들이 내가 정말 괜찮은 사람을 만났다고 무척 좋아했어요.

많은 사람이 초기 단계에서 내현적 나르시시스트에 대해 매우 편안함을 느꼈다고 말했다.

"처음에는 황홀할지 모르지만, 바로 이상화 과정이 실은 관계가 무너질 때 대부분의 상처를 유발한다. 그들은 함정을 놓았고, 그것은 아무런 의심을 하지 않는 피해자가 탈출할 수 없는 함정이다."

-잭슨 맥켄지,《연인인가 사이코패스인가》

피해자들이 **"우리는 무척 비슷했어요"**라고 말하는 것도 굉장히 흔하다. 이는 내현적 나르시시스트가 처음에 당신을 따라하기 때문이다. 어떤 의미에서 그 사람은 당신이 된다. 그들은 이 기간 동안 당신을 관찰한다. 그들은 당신이 느끼는 감정의 파도를 타기 때문에, 그들도 당신처럼 이 관계에 흥분한 것처럼 보인다. 이것은 한동안 지속된다. 많은 생존자는 회고해보면, 그들이 느꼈던 흥분과 믿었던 관계의 에너지가 사실 자신에게서만 나왔다는 것을 깨닫는다. 타깃이 생명력의 유일한 원천이며, 내현적 나르시시스트가 타깃의 감정을 따라 했기 때문에 쌍방향 관계라는 착각에 빠진 것이다.

내현적 나르시시스트는 주변에 있는 누구라도 될 수 있는 카멜레온 같은 존재다. 그들은 자의식이 강하지 않다. 상대방이 원하는 것을 파악하고, 그것이 되곤 한다. 이 때문에 사람들은 내현적 나르시시스트가 모든 유형의 사람과 관계를 잘 맺는 점에 깊은 인상을 받는다.

한 여성의 이야기이다. 그녀는 나르시시스트 엄마가 다른 사람들의 불안을 관찰하고 그 부분에 칭찬과 찬사를 보내는 것을 지켜보았다. '타깃'은 사랑받고 수용되며 상대가 나의 말을 경청한다고 느낀다. 그러나 그녀의 엄마는 실은 다른 사람들에게 관심이 없다. 단지 멋지게 보이고 자신이 인상적이기를 원했을 뿐이다. 그녀는 사람들로부터 관심과 찬사를 받기 위해 타깃을 이용하고 있었다. 그들은 그녀의 에너지 공급원이었을 뿐이다.

마찬가지로 당신이 영적인 마음을 갖고 있다면, 내현적 나르시시스트를 만나 데이트할 때 소울메이트를 찾은 것처럼 느끼는 것이 일반적이다. 그 연결은 집처럼 편안하고 익숙하다.

내현적 나르시시스트는 당신이 가진 영성에 대한 열정을 흉내 내어 나르시시스트 자신 역시 진정으로 영성에 열정이 있는 것처럼 착각하게 만든다. 그들은 닮아 보이지만 내현적 나르시스트가 만든 환상일 뿐이다.

일반적으로 내현적 나르시시스트는 오랫동안 에너지를 공급받을 수 있는 대상을 확인하기 위해 테스트를 한다. 나와 이야기를 나눈 몇몇 여성은 6개월에서 1년 동안 데이트한 후, 내현적 나르시시스트가 그들에 대해 의심을 품기 시작했다고 말했다. 내현적 나르시시스트의 부정적인 특성이 발현되기 시작하면 타깃은 관계를 개선하기 위해 싸우기 시작한다. 이는 타깃이 나르시시스트와의 연결감을 강하게 믿기 때문이다. 결국 타깃은 자신이 어떤 상황에서도 내현적 나르시시스트와 함께할 것임을 증명하게 되는 셈이기 때문에, 완벽한 목표물이 된다. 이런 유형이 내현적 나르시시스트가 원하는 유형, 즉 그들이 그루밍할 대상으로 삼는 사람이다.

사라가 티모시와 데이트했을 때, 1년의 행복한 시간이 지나자 관계에 문제가 생기기 시작했다. 두 사람은 이 관계가 싸울 가치가 있다고 동의하고, 문제를 해결하기 위해 상담을 받기로 했다. 사라는 그가 기꺼이 상담에 응한 것이 대단하다고 생각했다. 이전에 데이트했던 대부분의 남자라면 상담에 결코 동의하지 않았을 것이기 때문이다. 그는 사라에게 또 하나의 인상적인 점을 추가한 셈이었다.

그러나 그녀가 몰랐던 것은, 내현적 나르시시스트와 상담을 받는 것, 특히 관계 초반에 받는 것이 피해자가 할 수 있는 최악의 선택 중 하나라는 점이다. 이유는 다음과 같다. 상담소는 그들에게 훈련장과 같다. 상담사가 나르시시스트에게 그들이 하는 잘못과 상대방에게 상처가 되는 경우를 말해주면 그들은 어느 부분에서 가면이 깨졌는지 알게 된다. 그들은 타깃이 원하는 것이 무엇인지, 타깃과 타인에게 깊은 인상을 주기 위해 무엇을 해야 하는지 배운다. 그들은 상담사의 제안대로 행동하여 타깃과 상담사에게 깊은 인상을 남긴다. 그들에게 진심은 없지만 마치 진심인 것처럼 행동한다. 상담을 통해 타깃은 나르시시스트에 대한 더 큰 사랑과 존경심을 갖고, 이로써 나르시시스트는 다시 한번 완벽한 배우자로서의 이미지를 확고히 하여 오랫동안 타깃의 사랑과 충성을 받는다.

내현적 나르시시스트는 당신의 취약점과 불안 요소를 공부한다. 그들은 그 부분을 격려하고 칭찬하여 당신에게 치유를 받는 듯한 느낌을 준다. 그러나 나중에는 그 칭찬을 이용하여, 당신을 자극하고 조종하며 통제하고 상처를 준다. 결국 이런 행동은 피해자에게 가장 큰 배신이 된다.

내현적 나르시시스트는 첫 단계에서 동정심을 이용하여 타깃을 낚기도 한다. 사라와 티모시가 상담을 받을 때, 티모시는 평생 자신에 대해 알고 싶어 하는 사람이 없었다고 말했다. 그는 누군가가 시간을 내어 자신의 모든 면을 지켜보고 사랑해 주기를 얼마나 갈망했는지 표현했다. 이것이 사라의 마음을 흔들었다. 사라는 배려심 많고 공감 능력이 뛰어나다. 이는 타깃의 일반적인 속성이기도 하다. 그녀는 티모시가 그동안 받지 못했던 것을 자신이 주리라 마음먹었다. 진심으로 그의 모든 것을 알려 하고, 그가 한 번도 경험해보지 못한 사랑을 주었다. 그녀는 티모시가 갈망한 관심을 주었다.

사라는 무려 25년 동안 그렇게 해왔다. 티모시가 불친절하고 무례한 행동을 하면, 그동안 필요했던 사랑을 한 번도 받지 못한 상처받은 남자로 여기고 그런 부적절한 행동을 계속해서 봐주었다. 티모시는 수십 년간 사라를 통제하고 조종하는 데 그녀의 동정심을 이용했다. 애정 공세 단계에서 쌓인 근간이 아니었다면 그녀는 그의 많은 행동을 결코 용납하지 않았을 것이다. 나중에 버림 단계에서 티모시는 사라에게 그녀가 자신을 사랑한 적이 없다고 확신하며 말했다.

생존자가 버림 단계를 거치고 자신이 수년 동안 내현적 나르시시스트와 살았다는 사실을 알게 되면 당혹스러워한다. "내가 어떻게 이것을 보지 못했을까? 오랫동안 이런 일을 겪으면서도 어떻게 내가 괜찮을 수 있었지? 내가 뭐가 문제였지?"

내현적 나르시시스트는 누구라도 속일 수 있는 조종의

달인임을 아는 것이 중요하다. 이를 겪어보지 않은 사람은 절대 온전히 이해하지 못한다. 사람들은 나르시시스트 이야기를 들으면 생존자가 왜 그렇게 오랫동안 그런 사람 옆에 머물렀는지 궁금해한다. 바로 기초를 다지고 모든 것을 움직이게 한 애정 공세 단계가 관건이다.

내가 인터뷰한 생존자들이 모두 똑똑한 사람이었다는 사실을 알아주었으면 한다. 그들 중 많은 사람이 심리학 개념을 알고 있고, 심지어 어떤 사람들은 정신건강관리 분야에 종사하고 있었다. 그들은 대단한 공감 능력을 가지고 있다. 다수는 매우 직관적이며, 유해한 행동을 인지할 수 있다. 이들은 다른 사람의 기분이 이상하면 즉시 눈치챈다. 이들은 순진한 사람들이 아니다. 매우 인지력이 뛰어나고 아주 영리한 사람일지라도 내현적 나르시시스트에게 속을 수 있다.

당신이 생존자라면 스스로를 한심하다고 생각할 수 있다. 하지만 그러지 않길 바란다. 당신은 이미 다른 사람들로부터 당신을 부정적으로 느끼게 만드는 일들을 충분히 겪어왔다. 당신은 똑똑하고 강하다. 당신의 아름다운 특성을 불리하게 이용하는 사람과 얽혔을 뿐이다. 그것은 두말할 것 없이 당신 잘못이 아니다. 수백만 명의 사람이 내현적 나르시시스트와 얽힌다. 애정 공세 단계에서 내현적 나르시시스트가 보여준 모든 친절한 말과 행동-세심함, 개방적인 의사소통, 칭찬-이 당신을 낚았기 때문에, 미묘한 하대와 폄하가 시작될 때에도 눈치채지 못한 것이다.

## 폄하 단계

'폄하하다'라는 단어가 모든 것을 말해준다. 내현적 나르시시스트와 관계가 시작될 때 당신은 믿을 수 없을 만큼 소중하게 여겨진다고 느낀다. 그러나 곧 당신을 무시하고 폄하하는 사소한 일, 말, 시선이 나타나기 시작한다. 그 모든 것은 매우 미묘하게 나타난다. 오랜 기간 당신이 사랑하고 신뢰하는 사람으로부터 무엇을 하든, 얼마나 친절하게 대하든, 얼마나 많은 일을 해주든 상관없이 당신은 아무런 가치가 없고 그들에게 결코 만족스럽지 않다는 메시지를 받게 된다. 냉정하게 말해 그들에게 당신의 감정, 당신의 존재 자체가 중요하지 않다는 의미이다.

혼란스러운 점은 내현적 나르시시스트가 폄하하면서도 동시에 친절하다는 것이다. 당신은 아름다운 연애편지, 애정, 사랑의 몸짓을 받는다. 당신은 이것이 좋은 관계이며, 파트너가 당신을 사랑한다고 계속 믿게 된다. 진심으로 그것을 믿기 때문에 당신은 주변 사람들에게 자신이 얼마나 운이 좋은지 말한다. 친구들은 자신의 남편, 아내, 파트너가 당신의 파트너와 닮았으면 좋겠다고 이야기한다. 그러나 이러한 모든 상황이 벌어질 때, 당신의 자아 이미지와 자아 존중감이 서서히 약해지고 있음을 알아차리지 못한다.

시간이 흐르면서 건강이 나빠지고 우울하며 행복하지 않다고 느끼지만, 그 모든 것을 다른 일 때문이라고 생각하거나 자신을 탓한다. 내현적 나르시시스트 파트너가 당신을 대하는 태도가 이제는 당신에게 일상(정상)이어서, 그 태도가 눈에 띄지 않는다. 폄하가 너무나 교묘해 당신은 지속적인 폄하를 깨닫지 못하며, 당신이 느끼는 감정이 학대자와 함께 사는 트라우마의 결과라는 것을 인지하지 못한다.

수잔은 거의 완벽한 결혼생활을 꾸려왔다고 생각했다. 성생활에서 해결되지 않은 문제가 있었지만, 그 외에는 모든 것이 훌륭했다. 주변 사람들에게 그들은 이상적인 커플로 보였다. 하지만 18년 동안 함께한 남편과 갑자기 헤어지고, 그는 그녀 없이도 얼마나 행복한지 말하며 모든 일에 그녀를 탓했다. 결혼생활 내내 자신이 얼마나 불행했는지, 그 모든 것이 그녀의 잘못이라고 했다. 그녀는 기습공격을 받은 셈이다. '도대체 무슨 일이 일어난 거지?' 그녀는 이 질문에 대한 답을 찾기 시작했다.

내현적 나르시시즘을 알게 된 수잔은 그동안의 일들을 이해하는 데 도움이 되는 내용을 찾기 위해 일기를 훑어보기로 했다. 자신이 쓴 글에서 기억하지 못하거나 알아차리지 못한 내용을 발견할 수 있을지 궁금했다. '폄하가 있었나?' 그녀는 하나도 떠오르지 않았다. 돌이켜보면 성생활 외에는 결혼생활에 아무런 문제가 없었는데도 그녀는 자책했다. 그런데 그들이 만난 순간부터 관계가 끝날 때까지의 기록을 다시 읽기 시작했을 때, 자신이 읽은 모든 것을 두 눈으로 보고도 믿을 수가 없었다. 데이트를 하면서 쓴 일기 중 "나는 곧 결혼한다. 이유는 모르겠다. 그런데 내가 꼭 이용당하고 그걸 보지 못할 것 같은 묘한 두려움이 있다"라는 내용을 읽고 소스라치게 놀랐다. 그녀의 몸은 처음부터 알고 있었다. 그러나 여느 때와 마찬가지로 그녀는 그걸 믿지 않았다. 설명을 미뤘고, 그 후 18년 동안 그의 미묘한 폄하 행동에 수없이 많은 변명을 해온 것이다.

또 그녀는 일기에서 남편이 자신을 폄하한 사실을 보여주는 이야기가 얼마나 많은지 발견했다. 그녀에게 의미 있는 시간들, 그러니까 휴가, 생일, 대부분의 공휴일을 망친 일이 너무 많았다. 모든 이야기는 사귄 지 1년 정도 후에 시작됐다. 결혼하기 몇 달 전 그가 친구와 함께 갔던 여행에 관한 부분을 읽었다. 그녀는 10일 동안 그에게서 소식을 듣지 못했다. 완전한 침묵, 연락 두절, 해명 없음. 그녀는 일기에 모든 일이 그의 시간에 맞춰 이뤄지고, 그를 위해서 돌아가고 있다는 느낌을 적었다. 또 대부분의 결혼식 일 처리는 두말할 것 없고, 전체 신혼여행을 남편의 도움 없이 계획했다는 사실도 잊고 있었다. 그는 약속한 시간에 잘 나타나지 않았다. 결혼생활 내내 수잔은 남편이 자신을 너무 독선적이고, 강하고, 시끄럽다는 느낌을 갖도록 만드는 미묘한 행동을 보았다. 수잔이 엄마, 아내로서 그와 가족을 위해 한 모든 일을 그는 결코 인정하지 않았다. 아내가 이룬 어떤 성취도 인정하지 않았다. 수잔은 남편이 자신을 만족해한다고 생각해본 적이 없다. 그녀는 일기를 읽고 자신이 오랫동안 폄하됐던 이야기를 연달아 발견하면서 경악할 수밖에 없었다.

수잔 같은 사람이 자신을 그런 식으로 대하는 남자와 왜 함께 사는지 사람들은 이해하기 어려울 것이다. 애정 공세 단계는 인간 정신에 매우 강하게 작용한다. 폄하 단계에는 많은 애정 어린 행위가 섞여 있다. 그 점이 엄청나게 혼란스러운 부분이다. 남편은 수잔을 폄하하는 동시에 진심이 담긴 카드를 주면서 그녀가 얼마나 아름다운지 말하곤 했다. 부부는 함께 시간을 즐기고, 이런저런 일에 웃고, 자동차 여행을 하고, 미래의 꿈을 이야기하며 영화, 책, 공통으로 좋아하는 스쿠버다이빙으로 유대 관계를 형성했다. 그러나 그녀는 세월이 흐르면서 점점 더 안 좋은 방향으로 변하는 자신을 발견했다. 자주 피곤해하고, 과거에는 없던 알레르기를 앓으며, 마치 예전에 지녔던 생명력이 사라진 것처럼 기진맥진해졌다. 그녀는 이런 증상들과 결혼생활을 연결 지어 생각해본 적이 없었다. 단지 인생에서 더 만족스러운 일을 찾아야겠구나 여겼고, 종종 음식과 운동을 바꾸는 정도의 변화를 줬다. 세월이 흐르면서 체중도 늘었다. 감정의 원인을 여러 가지로 짐작해보았지만 한 번도 남편을 문제의 원인으로 생각해본 적이 없다.

그녀는 일기를 읽으면서 대부분의 결혼생활 동안 자신이 얼마나 외로웠는지 깨달았다. 그녀는 남편과 함께하게 되어 얼마나 다행인지 글을 쓰곤 했다. 그러나 자세히 살펴보면, 남편이 자신을 진심으로 배려하고 최선을 다하는 파트너가 아니었음을 알 수 있었다.

은밀한 학대의 피해자가 그것을 바로 파악하기는 매우 어렵다. 피해자는 자신이 파트너에게 느끼는 사랑이 파트너도 같을 거라고 확신한다. 그러나 실은 그렇지 않고, 그런 적도 없다. 내현적 나르시시스트는 진정한 사랑을 할 수 있는 능력이 없기 때문이다. 그들의 사랑은 허상이다. 이것은 믿기 어려운, 고통스럽고 낙담스러운 깨달음이다.

폄하 단계는 미묘하게 시작된다. 내현적 나르시시스트는 전화하겠다고 말하지만 실제로는 하지 않는다. 약속한 장소에 나타나지 않는다. 항상 변명이 따르고, 당신이 중요하지 않다는 메시지를 보내는 작은 행동들이 반복된다. 내현적 나르시시스트는 당신을 저녁 식사에 초대하지만, 막상 도착하면 당신이 그곳에 있는 걸 원하지 않는 것처럼 군다. 나르시시스트는 당신으로 하여금 '내가 뭘 잘못했나' 궁금하게 하려고, 일부러 아무 말도 하지 않는다. 내현적 나르시시스트는 기분, 시선, 겉으로는 무시하는 것처럼 보이진 않지만 당신 스스로를 나쁘게 느끼게 하는 발언을 통해 당신을 통제하려 한다. 당신은 뭔가 잘못되었다고 느끼지만 나르시시스트는 아무런 문제가 없다고 말한다. 폄하 단계에서 피해자는 스스로를 믿지 못하도록 프로그램에 짜맞춰진다.

또한 내현적 나르시시스트는 실제로 그들 자신의 문제인 일을 당신 잘못이라고 생각하게 만들어 당신의 가치를 떨어뜨리기도 한다. 이를 '투사'라고 한다. 그들은 자신이 가진 문제를 당신에게 투사하고, 당신은 이를 눈치채지 못한 채 결국 비난받는다. 피해자의 정서적 요구는 내현적 나르시시스트에게 중요하지 않다. 오로지 자신의 욕구, 요구, 우선순위만이 중요하다.

피해자가 모든 일에 책임을 지는 경우도 흔하다. 예를 들어, 내현적 나르시시스트는 가사를 돕는 것을 좋아하지 않는다. 돕기는 하지만 당신은 그의 분노와 짜증을 느낀다. 시간이 지나면서 당신은 스스로 일을 처리하고 도움을 청하지 않는 것이 더 낫다고 체념하게 된다. 내현적 나르시시스트는 관계에서 주지 않고 오로지 받기만을 바란다.

나르시시스트에게서 받는 혼합된 메시지는 당신의 마음, 정신, 신체에 큰 피해를 준다. 그들은 수년 동안 애정 공세를 했다가 폄하를 했다가 변화무쌍하게 반복한다. 타깃은 이 모든 것을 이해하기 어렵다. 왜냐하면 타깃은 최선을 다하고 있으며 파트너가 자신을 사랑한다고 믿기 때문이다. 폄하는 대체로 너무 미묘해서 시간이 흐르며 당신은 천천히 말라가고 있음을 알아차리지 못한다. 몸뿐만 아니라 자존감과 자신감도 시들어간다. 당신은 평소보다 더 피곤함을 느낀다. 예전의 자유로운 정신을 서서히 잊어버리고, 당신이 느끼는 감정을 나르시시스트 관계 외의 다른 상황 때문이라고 여기게 된다.

타깃은 내현적 나르시시스트로부터 수많은 메시지를 받는다. 면전에서 직접 말하는 것들도 있고, 어떤 메시지는 행동, 그들이 주는 시선, 숨 막히는 침묵, 아니면 그들에게서 뿜어져 나오는 조용한 분노를 통해 전달된다.

진정한 사랑은 결코 헷갈리는 메시지를 주지 않는다. 마지막 버림 단계가 오면 수년간 위장해온 내현적 나르시시스트의 진실이 밝혀진다.

## 버림 단계

십중팔구 버림 단계는 당신 인생에서 가장 혼란스럽고 고통스러운 배신일 것이다. 오랜 시간 사랑했고 당신을 사랑한다고 믿었던 사람이 이제 상상도 못 할 잔인한 말을 한다. 그들은 당신을 애처럼 다루고 '가르치며' 처벌하고 행동 방식을 지시한다. 그들은 당신과 공유한 모든 취약한 사안을 꺼내 가장 파괴적인 방법으로 상처를 입힌다. 그들의 모욕은 마치 소방호스에서 물이 뿜어져 나오듯 당신을 강타한다. 때로는 그들이 차분하고 합리적으로 보인다. 또 어떤 때는 말도 안 되는 소리를 지껄이면서도 굉장히 정상적인 이야기인 것처럼 전달한다. 그들은 사랑과 애정의 말을 섞기도 한다. 그러다 다음 순간 당신이 사악하다고 말하며 이제 끝이라고 선언한다. 당신은 이 사람이 도대체 어떤 사람인지 종잡을 수가 없다. 이 사람은 당신이 수년간 함께 살아온 사람이 아니다. 점차 정신이 아득해진다.

내현적 나르시시스트는 거짓된 현실을 묘사하고, 당신에 대해 거짓을 말한다. 당신은 자신에게 질문을 던지며 그들이 옳은 건 아닌지 의문을 가진다. 그들은 자신감 넘치고, 당신보다 더 많이 아는 것처럼 행동하기 때문에, 당신은 똑바로 생각할 수 없는 것처럼 느낀다. 그들은 당신의 말을 왜곡하고 이로 인해 당신은 끊임없이 스스로를 의심하게 된다. 약해지고 머릿속이 엉키고 미래에 대한 두려움을 느낀다. 당신은 외로움을 느낀다.

이때 대부분의 생존자는 자신의 배우자나 파트너가 나르시시스트일지도 모른다는 말을 듣게 된다. 상담 과정에서, 이혼 변호사와의 만남에서, 무슨 일이 일어나고 있는지 알아내려고 인터넷에 검색하면서, 또는 친구와 대화할 때 그 사실을 알게 된다. 이제 당신은 유튜브를 시청하고 책과 논문을 읽으며 답을 찾으려고 노력한다. 당신이 겪은 고통스러운 취급을 이해하기 위해 틈나는 대로 시간을 보낸다.

또한 인간관계에서 이런 행동을 할 것이라고는 꿈에도 생각해보지 못했지만 배우자나 파트너를 염탐하기도 한다. 그들의 이메일을 읽고, 카드 명세서를 확인하며 외도를 하고 있는 건 아닌지 의심한다. 당신이 그들에게 어떤 질문을 하면 그들은 말도 되지 않는 답을 내놓는다. 그들은 당신이 전에 했던 말을 그대로 따라 하거나 [과거 피해자가 언급한 일과 비슷한 일을 들먹이며] 당신에게 '잘못이 있다'는 것을 보여주려 한다. 그들은 방어적이고 화를 낸다. 그러고 나선 침착하게 아무런 감정도 보이지 않는다.

당신에게는 갈피를 잡기 어려운 혼란스러운 시간이 찾아온다. 그 이유 중 하나는 당신이 느끼는 감정과 내현적 나르시시스트가 느끼는 감정의 엄청난 차이 때문이다. 당신은 황폐해진다. 몸을 웅크린 채 태아 자세로 울고 있다. 반면 내현적 나르시시스트는 관계를 끝내고 재빨리 다른 타깃으로 옮겨간다. 당신은 답을 찾으려고 애쓰지만, 그들은 그렇지 않다. 당신은 깊은 슬픔에 빠진다. 그들은 당신과 함께 있지 않은 지금이 오히려 가장 행복하다고 말한다.

내현적 나르시시스트는 당신에게 특별한 시간이나 의미가 큰 장소에서 버림 단계를 시작하는 경우가 많다. 그들은 당신에게 의미 있는 날짜와 장소를 망치길 좋아한다. 빌은 26년 동안 함께한 아내가 자신의 생일에 결혼생활을 끝내자는 말을 했다고 한다. 빌에게 잘생기고, 대단하고, 사랑한다고 말해오던 아내가 생일에 이런 말을 했다. "나는 단 한 번도 당신을 온전히 신뢰한 적이 없어. 다른 여자였다면 당신 같은 사람하고 이렇게 오래 결혼생활을 이어오지 못했을 거야. 그 오랜 세월 당신이 가진 문제들을 상담받을 생각조차 안 하다니!" 그녀는 파괴적인 말들을 계속해서 늘어놓았다. 비슷하게, 카렌의 남편은 17년이 지난 후 갑자기 더 이상 결혼을 유지할 수 있을지 확신할 수 없다고 했다. 그때 그들은 카렌 가족의 집, 그녀가 자라면서 가장 안전하고 평화롭다고 느낀 호숫가 집에 있었다.

많은 피해자에게 버림 단계는 관계의 끝을 의미한다. 하지만 어떤 사람들은 내현적 나르시시스트와 만나는 동안 헤어졌다가 다시 만나기를 반복하는 혼란스러운 패턴을 경험한다. 나는 10년 이상 그런 관계를 맺어온 피해자들과 이야기를 나눴다.

버림 단계에서 피해자는 당연히 자존감이 낮아진다. 내현적 나르시시스트는 당신을 잘못된 방식으로 묘사하며 그 묘사가 사실인 것처럼 느끼게 한다. 해괴한 현실 왜곡과 당신에 대한 왜곡된 말들 속에 아주 작은 진실의 알갱이가 섞여 있어, 당신은 그것이 사실일지도 모른다고 의심하게 된다. 내현적 나르시시스트는 이전보다 훨씬 더 공격적으로 말하고 행동하지만, 그 모습을 보는 사람은 당신뿐이다. 이런 상황 때문에 당신은 자신을 믿지 못하게 된다.

버림 단계는 갑작스럽고 무자비하다. 나르시시스트는 상대를 버리고 나면 신속하게 다른 타깃으로 옮겨간다. 이것은 당신의 감정과 극명한 대조를 이룬다. 당신은 무너지고 있다. 겉으로 보기에 평탄했던 결혼생활이 이렇게 끝날 것이라고는 전혀 예상하지 못했기 때문이다. 연인이자 베스트 프렌드라고 불렀던 사람과의 관계가 끝난다는 생각에 망연자실하지만, 내현적 나르시시스트는 무너지지 않는다. 기이할 정도로 차분하다. 당신은 그들이 슬퍼하는 모습을 보지 못한다. 그들의 분노가 당신을 향한 것처럼 느껴지지만 그들에게는 황폐함과 슬픔이 없다. 이런 점이 당신을 더욱 미치게 만든다.

샘은 내현적 나르시시스트 애덤과 15년 넘게 함께 지냈다. 그들은 둘 다 영적 사상가였다. 요가 수련회에서 만났고, 삶에 대한 비슷한 생각을 공유하며 유대감을 형성했다. 몇 년 동안 수동적이고, 온화하고, 느긋하게 보였던 애덤은 버림 단계에서 언어폭력을 행사했다. 샘은 파트너로부터 자신이 잘못한 사항들의 리스트를 받고, 이 관계가 제대로 작동하려면 자신이 바뀌어야 한다는 말을 들었다. 다음 날 애덤은 샘에게 발 마사지를 원하는지 묻고, 자신은 그저 대우주와 함께 흐르고 있을 뿐이라고 침착하게 말했다. 그는 집을 나갔고, 모욕적인 이메일로 샘을 맹렬히 공격했다. 몇 시간 후, 애덤은 지난 몇 년 동안 자신에게 보여준 사랑에 감사하다는 이메일을 보냈다. 이 단계에서 내현적 나르시시스트의 행동은 조증躁症이라 할 수 있다. 피해자는 순간순간 무슨 일이 닥칠지 모르는 느낌을 받는다.

이런 일은 당신이 내현적 나르시시스트 파트너와 함께 살고 있는 동안 발생할 수 있다. "너한테 느끼는 이 분노와 적개심을 없앨 수 있으면 좋겠어." 던은 걱정스러운 얼굴로 에밀리에게 말했고, 몇 초 후 분노에 차서 그녀 때문에 인생에서의 모든 우정을 망쳤다고 소리를 질렀다. 나중에 그는 그녀와 아이들을 위해 저녁 식사를 집으로 가져왔고, 취침 시간에는 그녀가 가장 좋아하는 차를 가져다주길 바라느냐고 묻기까지 했다. 내현적 나르시시스트가 당신을 재빠르고 무자비하게 끊어내는 순간은 마치 불시에 포탄 공격을 받은 것처럼 충격적이다.

아이러니한 점은, 일반적으로 내현적 나르시시스트가 관계 종료를 시작하지만 실제로 이혼을 신청하는 사람은 생존자인 경우가 많다는 사실이다. 내현적 나르시시스트는 가족을 파괴한 사람이 자신이 아니며 피해자로 보이길 좋아한다. 그들은 사람들이 자신을 불쌍히 여기고, 비난할 사람으로 당신을 지목하기를 원한다. 그들은 다른 사람에게 어떻게 보일까가 최우선이기 때문이다.

내현적 나르시시스트는 모든 일, 어떤 일이든 당신 탓을 한다. 에밀리는 남편 던이 결혼생활이 잘 되려면 자신이 변해야 한다고 말했던 30가지가 넘는 사항을 세어보았다. 피해자는 내 현적 나르시시스트가 가진 문제를 알게 되면서 내현적 나르시시스트가 자신에 대해 말한 대부분이 실은 그들 자신에 대한 투사라는 점을 알아챈다.

이 단계를 읽은 후, 당신이 현재 버림받는 단계에 처해 있음을 확인할 수도 있다. 많은 생존자에게 이 시기는 나르시시즘 주제를 열정적으로 공부할 시간이기도 하다. 너무나 많은 사람이 이 순간에도 당신이 겪은 일을 통과하고 있다. 이를 깨닫는 것만으로도 도움이 된다. 당신은 충격을 받을 수도 있고, 불안감이 가득하고, 외롭고, 우울할 수 있다. 자살 충동을 느낄 수도 있다. 몸이 쇠진한 느낌이 들고, 중요한 결정을 내릴 때 집중하기 어려울 수 있다. 행동이나 생각이 충동적이라고 느끼기도 한다. 아마 밤에 숙면을 취해본 지도 꽤 오랜 시간이 지났을 것이다. 이 모든 것은 매우 흔한 반응이다.

당신은 많은 일을 겪었고 여전히 어려움에 빠져 있다. 하지만 당신은 극복할 것이다. 당신은 딱 맞는 지점에 왔고, 언젠가는 모든 것을 명확하게 보게 될 것이다. 숨을 깊이 들이마시고 내쉬어보라. 당신을 사랑하는 친구와 가족에게 연락하고 계속 공부하고, 당신을 지지해줄 수 있는 그룹에 가입해보라. 플랫폼 밋업 닷컴meetup.com은 이런 정보를 찾기에 좋은 곳이다. 가끔은 무너져도 괜찮다고 스스로를 다독여보고, 만약 이혼 중이라면 나르시시즘을 이해하는 능력 있는 변호사를 고용하라. 무엇보다도 당신은 마땅히 친절과 존중을 받아야 함을 기억해야 한다.

9장에서는 내현적 나르시시스트와의 이혼 상황을 더 깊이 이야기할 것이며, 책 전반에 걸쳐 그들의 특성과 그들이 조종하고 통제하는 방식도 더 자세히 다룰 것이다. 그 전에 당신, 즉 타깃, 피해자, 생존자에 대해 말하고 싶다.

이제 아름답고 소중한 당신의 모습을 살펴보겠다.

# 3

# 타깃의 특성

내현적 나르시시스트는 친밀한 관계를 형성하기 위해 특정 유형의 사람을 찾는다. 그들은 상대방을 통제하고 조종하는 데 필요한 특성을 잘 알고 있다. 예컨대 상대방에게 공감이나 연민, 보살피는 마음이 없다면 나르시시스트는 그들의 감정과 말을 조종하기 어려울 것이다. 또한 상대방이 성찰적이지 않다면 자기 잘못도 아닌 일에 비난을 감수하도록 설득할 수 없기 때문에, 이들 역시 그들에게 필요하지 않다.

나는 지역 지지 그룹에서 생존자들을 인터뷰하고 나르시시스트 학대 피해자들의 이야기를 들으면서 많은 공통점을 발견했다. 이들은 현명하고 책임감 있는 사람들이다. 그들은 문제 해결사이자 가족의 중심이며, 집에서 거의 모든 일을 하고 부모로서의 역할을 성실히 맡는다. 그들은 타인이 의지할 수 있는 사람들이다. 신의 있고 충실하며, 회복 탄력성이 있는 사람들이다.

생존자는 대개 타인의 장점을 보는 몽상가이자 낙관주의자이다. 그들은 사랑이 많고 친절하며 순수한 마음을 가지고 있다. **그들 자신이 신뢰할 만한** 사람이기 때문에 다른 사람의 말을 그대로 믿는다. 자신이 거짓말을 하지 않기 때문에 사랑하는 사람이 자신에게 거짓말을 하리라곤 상상하지 못한다. 거짓말, 통제, 조종은 그들의 본질적 특성과 정반대의 것들이다. 그들은 사랑을 주고받을 때 성장하는 존재이다.

타깃은 정직하고 진실하게 산다. 그들은 무언가를 꾸미거나 어떤 척을 하지 않는다. 타인이 보는 모습과 실제 모습이 일치하며, 그런 모습은 놀랍도록 산뜻하다. 생존자인 그들은 유연하고 여유로운 경향이 있다. 그들과 함께 행사를 계획하는 것은 즐거운 일이다. 그들은 일하기 편한 파트너이며 시간을 내는 데도 관대하다.

나는 최근에 여성 전용 그룹을 만들려는 지원 그룹에 있었다. 몇몇이 해야 할 일을 논의하고 있었다. 회비를 어떻게 모을지, 변화를 위해 풀어가야 할 일들, 즉 이 모든 세부 사항을 누가 조정할지를 의논했다. 그것은 세상에서 가장 쉬운 대화였다. 한 여성은 회비 전부를 지불하겠다고 하고, 다른 여성들은 비용을 기꺼이 분담하겠다고 했다. 누구도 스트레스를 받지 않고 서두르지 않았다. 누구도 자신만을 위해 노력하지 않았다. 모든 이들은 관대했고, 한 사람에게만 책임이 떠맡겨지길 원치 않았다. 일은 평화롭고 생산적이며, 수월하게 진행되었다.

생존자를 만나는 것은 이 세상에서 황금을 발견하는 것과 같았다. 그들은 드라마를 만들지 않고, 즉 상황에 호들갑을 떨지 않고 평화와 조화를 사랑한다. 자신을 성장시키고 발전시키는 데 관심이 있는 자기 성찰적인 여성과 남성이다. 그들은 어떤 점을 개선할 수 있는지를 살핀다. 남 탓을 하지 않고 자신의 행동에 책임을 진다. 그들은 인간관계에서 상처받거나 답답할 때, "나는 이런 느낌이 들어…"라거나 "네가 그런 말을 했을 때 나는 이런 느낌이 들었어…"라고 말한다.

생존자들은 상대방의 어떤 점이 문제라고 생각하는지 굳이 언급하지 않는다. 그런데 이런 훌륭한 특성은 내현적 나르시시스트가 그들을 공격하는 데 교묘하게 악용된다. 내현적 나르시시스트는 일이 생기면 생존자를 비난한다. 생존자는 자기 성찰을 하는 사람들이기 때문에, 내현적 나르시시스트가 그들을 탓하면 스스로 책임이 있는지 곧바로 점검한다. 대부분의 피해자는 이렇게 생각한다. '그 사람이 그렇게 말한 데는 조금이라도 진실이 있을 거야. 그는 나를 알고 나와 함께 살고 있으니, 내가 앞으로 바꿔야 할 부분이 있을 수도 있어.' 피해자는 자신이 얼마나 나쁜 대우를 받고 있는지 인식하기 어렵고, 필요하거나 실제 져야 할 책임보다 훨씬 많은 책임을 받아들이곤 한다.

내현적 나르시시스트는 말로 꾸며내는 것에 능숙하므로 그들의 잔인한 행동을 눈치채기 어렵다. 에밀리의 상담사는 이렇게 말했다. "당신 남편은 대화를 시작할 때 겸손하고 친절해 보이는 놀라운 능력을 가지고 있어요. 당신은 감명을 받아서 끝까지 당신을 비난하고 있다는 것을 깨닫지 못해요. 당신은 그의 말을 받아들이고 수치를 느끼는 거예요. 당신 잘못도 아닌 일에도 결국 사과를 하게 되는데, 그 사람이 당신이 그렇게 느끼게끔 교묘하게 조작하는 거예요."

타깃은 사람을 신뢰한다. 그들은 배려하고 용서하며 자비심이 많다. 공감이 많고, 이는 불행히도 내현적 나르시시스트가 가장 많이 이용하는 특성 중 하나다. 당신의 공감 능력은 그들이 당신을 선택한 중요한 이유 중 하나다. 그들은 감정 표현, 조작적인 코멘트, 행동을 통해 당신의 그 소중한 부분을 먹잇감으로 삼는다.

나와 이야기를 나눈 한 여성은 친오빠가 최근에 세상을 떠났다고 고백했다. 남매는 매우 가까운 사이였다. 그런데 오빠 기일에 남편이 갑자기 깊은 우울증에 빠졌다. 남편이 우울증 상태였기 때문에 그녀는 마음껏 슬퍼할 수 없었고, 남편이 괜찮은지 확인하려고 그의 상태에 주의를 돌릴 수밖에 없었다. 내현적 나르시시스트는 당신을 통제하고, 그들에게 주의를 돌리고, 당신의 귀중한 시간을 방해하기 위해 이런 미묘한 짓을 한다.

내현적 나르시시스트가 주의를 자신에게로 돌리는 또 다른 예는 웬디의 이야기에서 볼 수 있다. 웬디는 남편이 자신의 섬세한 마음을 이용했다는 사실을 마침내 깨달았다. 그러자 그동안 그에게 쏟은 돌봄과 관심으로 인해 기분이 나빠졌다. 남편이 잔인하고 무례하게 행동한 후에야 웬디는 그에 대한 돌봄을 멈출 수 있었다. 어느 날 남편은 시어머니와 통화를 한 후 "어머니가 당신은 통제적이고 조종하는 성격이래"라는 말을 전했다. 당시 그들은 결혼 10년 차였다. 남편은 가끔 웬디에게 시댁 식구들이 그녀에 대해 말한 것을 들려주곤 했다. 그러나 이번에는 자신을 방어하기 시작한 이후라 웬디가 멈춰 서서 말했다.

"이제야 하는 말인데, 나는 10년 동안 당신에게 나를 변호해왔어. 아직도 내가 어떤 사람인지 모른다면 더 이상 무슨 말을 해야 할지 모르겠네. 나에 대한 당신의 생각이 사실인지 아닌지는 스스로 판단해."

남편은 묵묵부답으로 방을 나와 뒷마당으로 가서 생각에 잠겼다. 몇 분 후, 갑자기 통증을 호소하며 땅바닥에 쓰러졌다. 그는 허리가 아파서 일어날 수 없다고 말했다. 밤새도록 바닥에 누워 있던 그는 웬디에게 소변통을 가져다 달라고 요청했다. 웬디는 저녁 내내 그를 돌보며 끔찍한 기분을 느꼈다. 그녀는 자신의 존재가 그의 모든 스트레스 원인이라고 생각하며, 자신이 없었다면 남편과 시어머니 사이에 아무런 문제가 없었을 것이라고도 자책했다. 아침이 되자 남편은 여전히 통증을 호소하며 구급차를 불러달라고 했다. 구급차가 도착해 그를 휠체어에 태워 몇 번의 주사를 놓았고, 그는 통증 없이 집으로 돌아왔다. 놀랍게도 통증은 다시 나타나지 않았다. 그렇게 극심했던 만성 통증이 단 이틀 만에 회복되다니….

이런 과장되고 호들갑스러운 행동은 내현적 나르시시스트에게 흔한 일이다. 많은 생존자는 내현적 나르시시스트가 가짜 부상과 질병을 수년간 지속하는 경우도 있다고 말한다. 그들은 당신을 불쾌하게 만들고 다시 주목을 받기 위해 많은 노력을 기울인다. 웬디의 남편은 어머니가 한 말을 잔인하게 전달하여 웬디를 괴롭혔다. 당신이 기분 나쁘고 수치스럽다고 느끼는 한, 당신은 그들의 통제 하에 있는 것이다. 그는 어머니로부터 아내를 지켜야 했고, 어머니의 말이 웬디에게 상처를 줄 뿐임을 알았다면 그 대화를 전하지 말아야 했다. 그것이 진정한 사랑의 모습이다. 이런 전술은 타깃이 다정하고, 예민하며, 배려심 있고, 믿음직한 사람들이기에 먹히는 것이다.

내가 인터뷰하고 관찰한 타깃에 대해 다시 말해보겠다. 그들은 **똑똑한** 사람이다. 비록 자신들이 지성적이지 않다고 생각하도록 조종되었지만 실제로는 **매우 지성적**이다. 대부분은 많은 연구와 경험을 통해 심리학 석사 학위를 취득할 수 있을 정도의 지식을 갖추고 있다. 그들 중 많은 이는 이제 자신이 겪었던 고통에 놓인 다른 사람들을 돕고 있다. 그들은 아름다운 영혼들이다. 모두가 승리하는 해결책을 좋아하고, 다른 사람들을 지지하며 열렬한 팬이 되는 팀플레이어다. 나는 지금까지 만났던 타깃 한 분 한 분에게서 사랑과 격려를 받았다. 그들을 알게 되어 감사할 따름이다. 그들은 훌륭한 경청자이며, 독립적이고 열심히 일하는 사람들이다. 우습게도 그들 대부분이 내현적 나르시시스트에 의해 게으르다는 말을 들었다. 이는 사실과 가장 동떨어진 비방이다.

한 번 이상의 인터뷰를 진행하면서 그 사람들 맞은편에 앉아 이야기를 나누는 동안, 그들의 몸이 떨리는 것을 지켜보았다. 눈물이 나올 뻔한 순간도 있었다. 나는 많은 생존자처럼 부드러운 마음과 맹렬한 마음을 가지고 있다. 생존자들은 이 행성에서 만날 수 있는 가장 소중한 사람들로서, 어디를 가든지 생명과 사랑을 일으킨다. 하지만 계속해서 이 소중한 존재들이 하나하나 짓밟히고, 영혼이 지치고, 마음에 상처를 입는 것을 보며 화가 치밀었다. 분노가 일었다. 이는 너무나 옳지 않은 일이다. 내 눈앞에 있는 아름다운 사람들이 파괴되고 정서적으로 공격을 받았다. 그들의 고통은 뚜렷했다.

이야기를 들으면 들을수록 생존자들은 그러한 대우를 결

코 받아서는 안 될 사람들임을 알 수 있었다. 어떤 경우에는 여러 내현적 나르시시스트로 인해 한 사람의 밝은 빛이 거의 꺼질 뻔하기도 했다. 이는 정말로 옳지 않다.

타깃은 강한 사람들이다. 이들은 내현적 나르시시스트가 상상할 수 있는 것보다 훨씬 더 자신의 삶에서 강인하다. 모든 생존자는 눈을 뜨고 자신이 겪은 일의 진실을 확인한 후, 그 경험을 통해 판단하는 힘을 갖게 된다. 당연히 선을 위한 힘이 될 것이다. 왜냐하면 바로 그것이 생존자들의 본질이기 때문이다. 바로 당신의 모습이다.

이제 내현적 나르시시스트의 특성과 조종 전술을 공부할 시간이다. 이를 파악하면, 당신은 모든 상황을 명확하게 보고 본래의 자신에게로 돌아갈 수 있을 것이다.

4

# 내현적
# 나르시시스트의 특성

《정신질환의 진단 및 통계 편람》에는 나르시시스트의 핵심 특성 리스트가 정리되어 있다. 하지만 내가 내현적 나르시시스트들에게서 발견한 또 다른 공통 특성들이 있다.

이를 기술하기 전에, 나르시시스트에는 스펙트럼이 있음을 이해하는 것이 중요하다. 1부터 10까지의 척도로 표현할 수 있는데, 당신이 인생에서 만난 내현적 나르시시스트는 이 스펙트럼에서 낮은 위치에 있을 수도 있다. 몇 가지 특성에만 해당되는 것이다. 모든 특성에 완전히 해당되지는 않더라도 대부분의 특성을 가진 내현적 나르시시스트일 수도 있다. 또한 뚜렷하게 외현적 유형과 내현적 유형이 혼합된 경우도 있다.

## 그들은 자아감이 강하지 않다

내현적 나르시시스트는 자신이 누구인지에 대한 앎, 즉 확고한 정체성이 없다. 예를 들어, 주변에 당신이 잘 아는 몇몇 사람을 떠올려보라. 그들을 설명하기 위해 할 말이 많을 것이다. 그들은 고유한 특징을 가지고 있어 쉽게 구별된다. 그러나 내현적 나르시시스트의 경우 그들에 대한 설명은 일반적이다. '정말 친절하다'라거나 '사귀기 쉽다'는 정도의 기술에 그치며, 그 이상으로 잘 진전되지 않는다. **'진짜 어떤 사람이지?'**라는 느낌이 든다. 내현적 나르시시스트를 보면 그들에게서 공허한 느낌, 거의 텅 빈 느낌을 받을 것이다. 그들은 마치 빈껍데기 같다.

내현적 나르시시스트는 대체로 카멜레온처럼 행동하며, 주변에 있는 사람들을 따라 한다. 생존자가 그들 관계의 초기 단계를 이야기할 때, 자신과 배우자 또는 파트너가 얼마나 기가 막히게 비슷한지 말하는 경우가 흔하다. 내현적 나르시시스트가 다른 사람과 데이트를 시작하는 버림 단계에 접어들면, 그들은 새로운 타깃을 또 따라 하기 시작한다.

## 조용한 분노

내현적 나르시시스트의 내면에는 엄청난 분노가 존재한

다. 그들이 소리를 지르거나 폭력을 쓰지 않을 수도 있지만, 당신은 그들의 조용한 분노를 감지할 수 있다. 외부 사람들에게는 이를 감추지만, 함께 사는 사람들은 언제든지 폭발할 수 있는 휴화산 옆에 있는 것처럼 느낄 것이다. 그들의 분노는 집안 분위기를 통제하며, 주변 사람들이 마치 살얼음판을 걷는 느낌을 갖게 한다. 이는 내현적 나르시시스트가 가까운 사람을 통제하는 방법 중 하나다.

메리는 이러한 행동에 곧바로 반응했다. 수년간 그녀는 남편에게 "괜찮아? 화난 것 같아"라고 물었다. 남편은 침착하게 "아니, 그냥 피곤해"라고 대답했다. 메리가 자신의 본능과 그의 말 중 어느 쪽을 믿어야 할지 고민하는 동안 남편은 조용히 있곤 했다. 그녀의 몸은 그의 분노를 느꼈지만 남편의 말을 믿고 자신의 감정을 무시했다. 이는 다음 장에서 자세히 논할 가스라이팅의 구성 요소이며, 피해자가 시간이 지남에 따라 자신의 내적 안내보다 내현적 나르시시스트를 믿도록 하는 또 다른 조종 방법이다.

많은 피해자가 내현적 나르시시스트 배우자나 부모의 분노가 자신 탓이라고 느낀다. 피해자는 내현적 나르시시스트의 분노 원인이 자신이라는 무언의 (때로는 직접적인) 메시지를 받는다. 이는 결코 피해자의 잘못이 아니며, 내현적 나르시시스트가 피해자로 하여금 그렇게 믿게 만들려는 것이다.

## 거짓말

내현적 나르시시스트는 거짓말을 숨기고 가리는 데 상상을 초월할 정도로 능수능란하다. 많은 피해자는 그들이 거짓말을 했다는 사실을 쉽게 믿지 못한다. 그들이 거짓말을 할 사람으로 보이지 않기 때문이다. 외부에서 보면 그들은 믿을 수 있는 사람처럼 보인다. 내현적 나르시시스트와 관계를 맺은 사람들은 그들이 모든 것에 대해 열린 소통을 한다고 느끼지만, 관계가 끝날 무렵에는 의아한 점들을 알아채기 시작한다.

버림 단계에서 당신이 파트너를 염탐하는 것은 드문 일이 아니다. 전에는 상상도 못 한 일이지만. 밤중에 문자 메시지와 이메일을 확인하면서 내현적 나르시시스트가 공유하지 않은 것들을 발견하고, 노골적인 거짓말을 알아채기도 한다.

내현적 나르시시스트는 조금이라도 들킨 것 같으면 거짓말이나 조작을 해서라도 어떻게든 이를 뒤집어 당신의 잘못으로 돌리는 방법을 찾아낸다. 시간을 함께 보내며 신뢰를 쌓았기 때문에, 터무니없는 변명조차도 당신은 다시 돌이켜보게 된다. 그들을 신뢰해온 수십 년이 있기에, 당신은 파트너가 거짓말을 했으리라곤 상상하기 어렵다.

결혼생활이 끝날 무렵, 발레리는 남편 잭이 얼마 전에 만난 남자와 나누는 우정에 이상한 느낌을 받기 시작했다. 남편에게는 좋은 일이라고 생각했지만, 동시에 수상하다는 느낌도 들었다. 예를 들어, 그들은 함께 심야 산책을 하곤 했는데 남편이 새벽 3시가 되어서야 집에 돌아오기도 했다. 그들은 서로 사진을 주고받았고, 잭은 친구를 만날 때마다 들떠 있었다. 그는 발레리에게 혼자만의 조용한 시간을 갖기 위해 집을 비워줄 수 있는지 물어보기도 했다. 그녀는 집을 나갔고, 그 시간에 친구와 함께 점심을 먹으며 시간을 보냈음을 나중에 알게 되었다.

그 사이 잭은 발레리와 아이들로부터 점점 멀어졌다. 발레리는 걱정되어 남편에게 말을 꺼냈고, 대화 중에 용기를 내서 새 친구와 연인 사이인지를 물었다. 그녀는 그렇다고 해도 괜찮다고 말했다. 만약 그렇다면 그들의 불안정한 결혼생활이 이해될 것이기 때문이다. 그러자 휴화산이 폭발했다. 그는 발레리가 지금까지 이어오던 모든 남자친구와의 우정을 망쳤고, 이제 새 친구와의 관계도 망치려 한다고 몰아붙였다. 몇 주가 지나고 발레리는 남편의 친구가 남편에게 "네가 와야 발기가 될 텐데, 언제 와?"라는 이메일을 보낸 것을 발견했다. 발레리가 이를 잭에게 보여주자 그는 "아, 그건 당신이 우리 관계를 의심하니까 화가 나서 장난친 거야"라며 대수롭지 않게 넘겼다.

외부에서 보면 명백한 상황이지만 발레리는 오랜 시간 잭과 함께 지냈으며, 그가 거짓말을 할 것이라고는 꿈에도 생각하지 못했다. 그녀는 그의 해명을 그대로 믿었다. 발레리는 모든 일이 자신의 잘못이라고 여기며 살아왔기 때문에, 자신에게 일어나는 일을 제대로 인식하지 못했다. 또한 잭이 진실을 말하고 있더라도 그것이 얼마나 잔인하고 미성숙하며 무례한 행동인지를 인정하지 않았다. 잭은 한 번도 아내의 감정을 고려하지 않았다. 그에게는 아내의 감정이 중요하지 않기 때문이다. 발레리는 자신이 중요하지 않고 존경받을 가치가 없다는 미묘한 메시지를 오랫동안 받아왔기 때문에 이를 알아채지 못했다.

내현적 나르시시스트가 거짓말을 하고 당신이 이를 반박하면, 그들은 건강한 관계에서 당연히 일어날 당신의 감정을 인정하지 않는다. 그들은 결코 당신의 입장에서 생각하지 않는다. 대신 주의를 다른 곳으로 돌려버리는데, 부정적인 주의를 당신에게 집중시켜 자신은 빠져나간다. 그들은 자신의 나쁜 행동이 당신 탓이라고 주장한다. "네가 나를 그렇게 만들었어. 너 때문에 내가 그렇게 한 거야. 네 잘못이야"라는 식이다.

## 후버링

후버링은 내현적 나르시시스트가 피해자가 앞으로 나아가기 어렵게 만드는 데 사용하는 기술로서, 타깃을 자신의 영향력 안으로 다시 끌어들이는 방법이다.

나는 이별과 재결합을 오랫동안 반복하는 관계에 있던

여러 남성, 여성과 이야기를 나눴다. 이것은 로즈의 이야기다. 그녀가 내현적 나르시시스트 파트너와의 관계에서 물러나자마자 상대는 더 쫓아다녔다. 사과하고, 로즈가 이해 가능한 맥락에서 자신의 상처 주는 행동을 해명하며 그녀의 연민을 자극했다. 그녀가 듣고 싶던 모든 말을 건네며 사랑스럽고 부드럽게 대했다. 그는 낭만적이고 사려 깊었다. 그녀는 자신이 사랑에 빠진, 그동안 진심으로 믿었던 남자가 다시 돌아온 것 같다고 느꼈다. 그녀는 사랑과 안도를 되찾고 그를 받아주었다. 한동안은 상황이 좋았다. 그런 주기가 또다시 시작되기 전까지. 그는 거리를 두고, 멀어지고, 그녀를 혼란스럽게 하는 방식으로 행동하고, 그녀를 폄하하는 수동-공격적인 일들을 저질렀다. 그러면 그녀는 또 물러나서 모든 것을 다시 생각하고, 그는 또다시 매력적인 왕자로 돌아왔다.

내현적 나르시시스트는 당신을 관찰하고 그루밍한다. 당신을 되찾기 위해 당신이 무엇을 듣고자 하는지 정확하게 알고 있다. 그들에게는 이 모든 것이 통제다.

## 끊임없는 비판과 지적질

내현적 나르시시스트는 끊임없이 타깃을 비판하고 판단하며 그 과정을 은밀하게 진행한다. 이를 통해 당신을 통제하고 자존감을 서서히 무너뜨린다. 시간이 흐르면서 이는 당신의 가치관에까지 영향을 미친다. 결국 자신이 사랑스럽지 않거나, 원치 않는 존재라고 느끼게 되며, 때로는 너무 과하거나 충분하지 않다고 생각하게 된다.

내현적 나르시시스트는 [보통 사람들이 보기엔 정말 아무것도 아니어서 되레 이상하기 짝이 없을 정도의] 아주 사소한 일로도 당신을 판단하고 창피를 준다. 엠마의 엄마는 형제자매들 앞에서 자주 엠마를 지적했다. "엠마는 오랫동안 서 있는 것을 싫어해"라며 은근슬쩍 비꼬는 듯한 말을 했다. 또 다른 예로, 마시의 전 배우자는 그녀의 옷 입는 스타일과 표현 방식이 "걱정된다"며 "건설적인 비판"을 해댔다.

끝없는 지적질과 비판으로 타깃의 자아감은 약화되고, 자신보다 내현적 나르시시스트는 우월하고 더 많이 알고 있다는 믿음을 심어준다. 이는 건강하지 못한 의존 관계를 만든다. 시간이 지나며 당신은 점점 더 약해지고 조종에 취약해진다.

내현적 나르시시스트의 지적질과 비판은, 당신이 스스로 굳건히 서려고 할 때 더욱 심해지며 점점 더 노골적으로 변한다.

## 질투

샘의 내현적 나르시시스트 파트너는 샘을 질투한다고 직

접적으로 말한 적이 없지만, 샘이 인생에서 더 많은 성공과 행복을 경험하기 시작하면서 뭔가 달라졌다는 느낌을 받았다. 샘이 삶의 신나는 일들을 이야기할 때 파트너는 별다른 반응을 보이지 않았고, 점차 샘과 거리를 두기 시작했다.

샐리의 엄마는 샐리가 친구들과 함께하지 못하도록 방해했다. 새 동네로 이사 온 후 샐리는 새로운 여자 친구들을 만나 매우 즐거웠다. 어느 날 밤, 샐리가 외박을 했을 때 엄마는 그 일을 불편하고 심각한 사건으로 만들었다. 이후에도 엄마는 샐리를 친구들과 떨어뜨려 놓으려고 말도 안 되는 이유를 들어 외출을 금지하곤 했다.

많은 생존자는 내현적 나르시시스트가 그들을 질투하는 것을 설명하는 데 어려움을 겪는다. 이는 함께 생활할 때만 감지되는 미묘한 느낌이기 때문이다. 나르시시스트는 매우 불행한 사람이다. 그들은 당신이 생명력과 행복을 느낄 때 이를 질투한다. 당신이 행복하고 강해지는 것을 원치 않으며, 그런 감정들이 당신을 통제할 능력을 위협한다고 느낀다.

## 자신의 문제를 상대에게 투사한다

내현적 나르시시스트는 당신을 문제라고 지적하지만, 실제로 그들이 지적하는 대부분의 문제는 **그들 자신**에게 해당된다. 나르시시스트는 절대로 자신에게 문제가 있다고 생각하지 않으며, 대신 그것을 당신에게 투사한다. 이로 인해 당신은 자신의 문제가 아님에도 불구하고 죄책감이 들고 수치를 느낀다.

에이미는 남편과 함께 저축한 돈 일부를 부동산 사업에 투자했다. 그녀는 이 프로젝트에 1년 넘게 많은 시간과 노력을 들였다. 처음에는 일이 잘 진행되었지만, 곧 시장이 폭락하면서 프로젝트 자금을 잃게 되었다. 손실을 막기 위해 그들 계좌에서 더 많은 돈을 인출해야 했다. 에이미는 망연자실했다. 그녀는 큰 용기를 내어 이 일을 시도했지만, 가족에게 실망을 준 것 같아 죄책감에 시달렸다. 남편은 그녀에게 고함을 치거나 비난하지 않았지만 침묵으로 에이미를 벌주었다. 그녀는 다시는 그런 리스크를 무릅쓰지 않았다.

건강한 배우자라면 이렇게 말했을 것이다.

"이번에는 일이 잘 안됐지만, 당신은 대단한 일을 했어. 당신의 용기와 노력이 정말 감동적이야. 이번 경험으로 많이 배웠으니 다음번에는 더 잘할 거야. 난 당신을 믿어."

이런 반응은 에이미를 변화시켰을 것이다. 이해와 믿음과 존중을 받았기 때문이다. 하지만 그녀는 너무 많은 죄책감과 수치심을 경험했다. 내현적 나르시시스트 남편은 그녀가 끔찍한 결정을 내렸고, 다시는 그런 일을 해서는 안 된다는 메시지만을 전했다.

나중에야 에이미는 남편이 돈을 잘 못 불리는 사람이었으며 어리석은 결정으로 돈을 잃은 적이 있는 사람이었다는 진실을 알게 되었다. 그는 자신의 문제를 그녀에게 투사한 것이었다. 남편은 수년간 에이미가 돈을 잘 못 다룬다고 믿게끔 조종한 탓에, 실은 자신이 아닌 남편의 문제라는 것을 그녀는 깨닫지 못했다. 그의 메시지 전달 방식은 매우 은밀하여, 에이미는 진실을 보지 못한 채 수치심과 비난을 감수해야만 했다.

관계가 끝나갈 때쯤이면 내현적 나르시시스트가 당신을 어떻게 생각하는지 더 노골적으로 드러난다. 다음은 생존자들이 내현적 나르시시스트로부터 들은 몇 가지 공통적인 말이다.

"당신은 통제하고 조종만 하지, 배려심도 없어.", "내 감정은 전혀 살피지 않아.", "게을러, 모든 것이 전부 당신 중심이군.", "나는 당신을 못 믿겠어. 당신은 다른 사람들한테 잘 보이려고 그런 것뿐이야."

뭔가 보이는가? 이 모든 말이 바로 그들, 나르시시스트의 특성이다. 그들은 자기 행동에 책임을 지지 않는다. 오히려 자신의 본모습을 당신에게 투사한다.

내현적 나르시시스트가 이를 행하는 또 다른 방법은 '두려움'을 당신과 공유하는 것이다. "당신이 바람을 피울까 두려워." 그러나 나중에 그들이 바람을 피웠다는 사실을 알게 된다. "당신이 나를 조종하는 것 같아서 겁이 나." 실제로 조종하는 사람은 바로 그들이다. 내현적 나르시시스트는 초점을 당신에게 돌려 조종한다. 그들이 완벽하게 진심처럼 보이기 때문에, 사실 이 모든 것이 나르시시스트 자신의 문제라는 것을 알아채지 못한다.

내현적 나르시시스트는 "나는 이 일에 책임을 지고 있는데, 당신은 아무 책임도 지지 않아"라고 말한다. 그러면 당신은 스스로에게 묻게 된다. '내가 정말 책임을 안 졌던가?' 그들은 거짓말을 덮기 위해 언제나 당신에게 변화구를 던진다. 그들이 변화구를 던지는 방식은 당신을 헷갈리게 하고 자기의심을 하게 만들어, 그들의 거짓말을 눈치채지 못하도록 한다. 그들은 거짓말의 제왕이지만 확신과 자신감을 가지고 말하기 때문에 그들을 의심하기가 어렵다. 당신을 거짓말과 조종으로 통제하려 하기에, 결국 당신은 스스로를 의심하게 되는 것이다.

특히 나르시시스트와의 관계에서 공감 능력이 뛰어난 사람에게 더욱 그렇다. 그들과의 관계가 끝난 후 당신이 가졌던 부정적인 감정들도 함께 사라졌음을 깨닫게 되는 경우가 있다.

메건은 내현적 나르시시스트와 결혼생활을 하면서 깊은 자기혐오에 빠져 있었다. 그녀는 자신의 외모를 싫어하는 마음을 상기시키려고 사진을 찍곤 했다. 메건은 사진을 통해 체중이 불어난 자신의 모습을 보며 분노와 역겨움을 느꼈다. 일종의 자기처벌이었다. 남편은 결혼 15년 만에 떠났고, 메건은 그와 헤어진 후 자기혐오가 사라졌음을 깨달았다. 그녀는 타인의 감정을 쉽게 감지하는 타입이기에, 자신과 무관한 내현적 나르시시스트의 자기혐오를 자신이 느낀 것은 아닌지 의문이 들었다. 남편은 자신을 얼마나 미워했는지 결코 말하지 않았지만 무의식적으로 자신의 문제를 그녀에게 투사했다. 그는 메건이 사진을 찍으며 우울해한다는 걸 알고 있었지만, 그녀를 붙잡고 아름답다고 말하는 데에는 어떤 에너지도 쓰지 않았다. 그는 메건의 고통에 슬픔이나 공감을 전혀 느끼지 않았으며, 그녀가 '자기혐오'라는 거짓된 감정을 믿도록 내버려두었다.

## 말과 행동이 일치하지 않는다

보니가 내현적 나르시시스트인 남편 찰스와 양육 계획에 합의하기 위해 중재를 받는 동안, 그는 계속해서 변호사와 조정위원에게 자신은 자녀를 위해 최선을 다하고 검소하게 살았으며 보니의 양육 방식이 매우 우려된다고 주장했다. 그의 변호사는 조정위원에게 "그는 단지 옳은 일을 하려고 노력하고 있을 뿐입니다"라고 동정적 태도로 말했다. 찰스는 아이들을 만나는 최소한의 시간을 요구했다. 찰스는 일주일에 한 번 식사하러 와서 보니는 형편없는 엄마라고 계속 비난했다. 내현적 나르시시스트의 위선은 결혼이 끝난 후에도 몇 년 동안 지속되기도 한다. 보니는 이혼한 지 5년 만에 전남편이 이메일을 보냈다고 내게 전화를 했다. 그는 여전히 일주일에 한 번씩 아이들을 만날 뿐이지만, 메시지에는 그와 그의 여자친구가 보니의 형편없는 양육을 되돌리기 위해 열심히 노력하고 있다고 적혀 있었다.

내현적 나르시시스트는 겉으로는 그럴듯한 사람처럼 보여서 주변 사람들은 그들의 말만 듣고 쉽게 속아 넘어간다. 그들의 실제 행동이나 실천하지 않는 점을 간파하기 쉽지 않다. 특히 친밀한 관계에서는 나르시시스트가 자신의 통제력이 막강함을 알기 때문에, 피해자가 이를 알아차리기는 더욱 어렵다.

앤과 팀이 결혼했을 때 그들의 성생활은 혼란스러웠고, 이는 내현적 나르시시스트와의 관계에서는 흔한 일이다. 앤은 그에게 어떤 성적 충동이나 욕구를 느끼지 못했고, 그 이유를 알 수 없었다. (그녀의 몸은 그와 함께 있는 것이 안전하지 않다고 이미 알고 있었던 것이다.) 앤은 그를 소외시키는 것이 미안했고, 팀은 이렇게 지내기 너무 힘들다고 말하곤 했다. 앤은 자신에게 문제가 있다고 생각하며 상담, 호르몬 치료, 식이 변화 등을 시도했고 성 관련 책도 읽었다. 그러나 변한 것은 없었고, 그녀는 엄청난 죄책감과 수치심을 가졌다. 남편은 앤이 고쳐지기를 기다리며 소극적으로 대응했다. 결혼생활이 끝나갈 무렵, 팀은 앤이 아무런 노력을 하지 않고 자신만 노력했다고 고함을 질렀다. 이는 사실이 아니었지만 그의 말을 들으면서 앤은 더 큰 수치를 느꼈다.

그는 아내에게만 모든 책임을 지우고 아무것도 하지 않았으면서도, 어찌 됐든 자신이 노력했다고 믿었다. 그는 아내가 비난을 떠안도록 내버려두고, 자신의 성 문제를 인정하지 않았으며, 아내의 감정을 돌보지 않았다. 그의 행동하지 않음은 발각되지 않았고, 앤은 자신에게 문제가 있다고 생각했다. 그가 아내에게 투사한 성적 문제를 해결하지 않았기 때문에 결국 그것이 남편의 성적 문제였다는 것이 밝혀졌다. 내현적 나르시시스트의 말은, 타깃의 정신을 혼란스럽게 만들어 그들의 행동과 말이 일치하지 않음을 눈치채지 못하도록 한다.

## 정서적으로 교감하지 못한다

내현적 나르시시스트와 진심 어린 교감을 나누기는 어렵다. 이는 당신이 다른 사람 옆에 있을 때 느끼는 미묘한 찜찜함처럼 내면에서 감지되지만, 딱히 설명하기 힘든 특성이다.

내현적 나르시시스트는 마치 대본에 따라 행동하는 로봇 같은 느낌을 준다. 그들은 다른 사람처럼 행세하는 데 익숙해 카멜레온처럼 자신을 변신시키기 때문에 그들의 본모습을 알아보기 어렵다. 건강한 사람은 자신의 생각과 감정을 진솔하게 느끼고 표현한다. 반면 내현적 나르시시스트는 자신의 꿍꿍이를 감추기 위해 당신이 듣고 싶어 할 것이라고 생각되는 말을 한다.

당신은 내현적 나르시시스트와 어떤 느낌을 이야기하면서 서로 연결되었다고 생각하지만, 돌이켜보면 진정한 교감을 나눈 사람은 당신뿐이었을 것이다. 그들은 자아감이 약하여 누구와도 깊은 교감을 나누지 못한다. 가끔 마음을 열고 감정을 공유할 때도 있지만, 아무런 은밀한 속셈 없이 진심 어린 진짜 교감을 나누는 사람과는 다르다.

내현적 나르시시스트는 상식을 벗어난 수준으로 울거나 분노를 표출하기도 한다. 예를 들어, 애니의 파트너는 TV에서 자신이 응원하는 스포츠 팀이 졌을 때 광분했고, 그 기분은 며칠간 계속됐다. 그러나 애니가 차 사고로 거의 죽을 뻔했을 때는 심드렁했고, 치료하는 동안 그녀를 돌봐야 한다는 사실에 짜증을 냈다. 내현적 나르시시스트의 감정은 그들 자신의 본질[자아]과 너무 단절되어 있어서, 감정이 부적절하게 전이되거나 왜곡된 방식으로 표현되는 것이다. 이는 가책 없이 당신과 다른 사람들을 해칠 수 있는 능력이며, 바로 이 특징이 그들이 위험한 이유이다.

사람 사이 연결의 근본적인 요소는 서로를 느끼는 것이다. 이것 없이는 진정성 있는 관계가 불가능하다. 그들이 배려하는 것처럼 행동하는 이면에는 진심 어린 배려란 없다. 정서적으로 연결되지 않아 깊은 친밀감을 경험할 수도 없고, 당신은 언제나 진정한 교감이 없다고 느끼게 된다.

## 날아다니는 원숭이들

'날아다니는 원숭이들'은 나르시시스트의 삶에서 그들을 위해 행동하는 사람들이다. 내현적 나르시시스트의 열렬한 지지자로서, 나르시시스트가 희생자이며 비난받아야 할 사람은 **타깃, 즉 당신**이라는 확고한 믿음을 가지고 있다.

이 사람들은 내현적 나르시시스트가 이미 피해자에게 준 상처를 더욱 가중시키는 역할을 한다. 나르시시스트는 다른 사람들에게 당신을 비방하며, 당신이 모든 일에 비난받아 마땅하다는 내용을 담은 잔인한 이메일을 보내거나, 법정에서 당신에게 불리한 증언을 하고, 가능한 모든 방법으로 당신을 방해한다. 내현적 나르시시스트는 당신을 자기의심에 빠뜨리고, 날아다니는 원숭이들도 당신의 '잘못'을 말하기 때문에 자기의심은 더욱 심화된다.

날아다니는 원숭이는 나르시시스트의 헌신적인 봉사자이자 충성스러운 지지자이다. 많은 경우 이들은 자신이 무슨 일을 하고 있는지 잘 모른다. 그들은 당신이 오랫동안 그랬던 것처럼 내현적 나르시시스트를 진심으로 믿고 있다. 설득력 있는 거짓말에 넘어간 당신처럼 그들도 속고 있는 것이다. 내현적 나르시시스트는 조종의 달인이며, 날아다니는 원숭이들은 대개 그들의 기만에 추가로 희생된 사람들이다.

## 아이디어를 베끼고 가로챈다

사만다는 남편에게 귓속말로 재미있는 농담을 건넨 후, 남편이 그 농담을 주변 사람들에게 말해 웃음과 관심을 받는 것을 처음에는 대수롭지 않게 여겼다. 남편에게 기분 좋은 기회를 주는 것이 즐거웠고, 남편이 자신의 농담을 재미있게 여긴다는 사실도 기뻤다. 그러나 남편이 계속해서 사만다의 공을 인정하지 않는 모습을 보며 점점 이상하다고 생각했다.

이러한 행동은 직장에서 동료 간에 흔히 보이는 특성이기도 하다. 내현적 나르시시스트는 주로 자신에게 엄청난 주목과 칭찬을 받는 것을 목표로 하며, 당신은 오로지 나르시시스트를 위해 존재하는 것처럼 여기게 만든다. 그들은 당신이 칭찬이나 주목받을 가치가 없다는 메시지를 끊임없이 전달한다.

## 칭찬과 인정을 하지 않는다

애니는 내현적 나르시시즘을 공부하면서 결혼생활에서 잊고 있던 일들을 떠올렸고, 이제는 그것들을 새로운 시각에서 바라보게 되었다. 어느 날 창고를 청소하다가 몇 년 전에 자신이 그린 그림을 발견했다. 그 순간 남편이 그림에 대해 일언반구도 하지 않았음을 깨달았다. 친구들과 가족은 전시회를 열어도 되겠다는 찬사를 보내며 그녀의 재능에 감탄했다. 돌이켜보니 지난 19년의 결혼생활 동안 자신이 이룬 어떤 일에도 남편에게서 "와, 굉장해, 정말 잘했어!"라는 말을 단 한 번도 들어본 적이 없었다는 사실을 깨달았다.

반면 자신은 항상 남편을 칭찬하고, 그의 모든 일에 잘한다고 말해왔음을 자각했다. 애니는 늘 남편을 지지하고 격려했던 것이다. 나르시시즘을 공부하다 보면 이전에 놓쳤던 학대 행동들을 발견하게 된다. 더 중요한 사안은 대개 인식하지 못한 부분들이다. 25년의 결혼생활 동안 자신이 엄마로서 훌륭히 해왔던 일 처리, 도움이 필요한 사람들을 위한 봉사 활동, 그리고 남편의 일이 수월하게 해결되도록 신경 썼던 노력에 대해 남편은 단 한 번도 수고를 치하하지 않았다는 사실을 깨달았을 때, 그녀는 눈이 번쩍 뜨이는 경험을 하게 되었다.

내현적 나르시시즘의 타깃이 된 사람들과 인터뷰한 후, 건강하고 정상적인 배우자와 결혼한 사람들과도 이야기를 나눴다. 허상의 사랑에 익숙할 때 진정한 사랑의 모습을 보는 것은 치유에 도움이 된다. 그들에게서 들은 한 가지 공통적인 이야기는 많은 칭찬이었다. 리즈는 25년째 결혼생활을 하고 있는데, 남편은 그녀가 무엇을 이루거나 어떤 식으로든 자신을 도우면 언제나 감사해하며 수고를 인정했다. 그는 자주 아내에게 고마움을 표현했다. 이는 내현적 나르시시스트와의 관계에서는 일어나지 않는 일이다. 당신은 계속해서 자신이 하찮다는 메시지를 받게 된다.

스포츠 코치였던 남편 데이브 때문에 코니는 15년의 결혼생활 동안 주기적으로 이사를 가야 했다. 그 기간 동안 코니는 세 아이를 돌보는 전업주부로서 변화에 잘 적응하여 모든 일을 유연하게 해냈다. 남편은 집에 있을 때면 자주 밖에 나갔고, 그래서 집안일은 코니가 도맡아 했다. 집을 비울 때는 코니 덕분에 집안일을 신경 쓰지 않고 경력을 쌓을 수 있었다. 그러나 그는 한 번도 아내가 한 일에 대해 고맙다고 말한 적이 없고, 그렇지 않았더라면 아내도 자신의 경력을 쌓을 수 있었다는 점을 인식하지 못했다. 그는 아내를 필요로 한 적이 결코 없었다고 말하며, 아내가 자신의 경력에 아무런 기여도 하지 않았고, 그녀와 상관없이 가정부를 고용했을 것이라고도 했다. 나르시시스트가 전하는 또 다른 잔인하고 냉정한 메시지는 **당신이 쉽게 대체될 수 있다**는 사실이다.

내현적 나르시시스트는 당신을 하나의 인격체로서 세워주거나, 당신이 행복한 모습을 보거나, 당신이 한 일을 격려하는 데 전혀 관심이 없다. 그들의 관계는 오로지 자신만을 위한 것이다. 관계가 끝나면 당신은 더 이상 그들에게 쓸모가 없기 때문에 곧바로 다음 타깃으로 넘어간다.

## 생일, 휴일, 휴가, 의미 있는 날들을 망친다

생존자들에게 내현적 나르시시스트와 생일과 휴일을 어떻게 보냈는지 물을 때마다 한결같은 대답을 들을 수 있었다. 배우자든 연인이든 그들과 함께한 특별한 날들은 늘 끔찍했다고 일관되게 묘사했다.

"생일마다 뭐가 잘못됐는지 모르겠어요. 거의 매년 친한 친구에게 울면서 전화한 기억밖에 없어요. 울 만한 이유가 딱히 있다고 느낀 적도 없었는데도요. 그는 항상 뭔가를 했어요. 선물도 주고요. 그런데 그는 그날을 두려워하는 것 같았고, 진심으로 나를 축하하는 것 같지 않았어요. 나는 뭔가 사과하면서 하루를 마감했어요. 늘 내 잘못인 것 같은 느낌이었죠."

"엄마는 항상 내 생일을 왁자지껄한 큰 행사처럼 만들었지만, 나는 생일이 싫었어요. 모든 게 엄마 중심이었거든요. 파티는 호화로워서 모두가 감탄했지만, 나는 엄마가 준비하느라 얼마나 많은 일을 했는지, 얼마나 힘들었는지에 대한 불평을 들어야 했어요. 엄마가 직접 만든 수제 케이크와 테이블에 준비된 물건이 얼마나 비싼지, 쇼핑이 얼마나 힘들었는지에 대한 이야기였죠. 지치는 일이었고, 엄마의 스트레스 원인이 저인 것만 같았어요. 내가 도와주려고 해도 엄마는 만족한 적이 없었어요."

"크리스마스가 늘 힘들었어요. 매년 크리스마스마다 그는 우울해했어요. 어린 시절 크리스마스의 마법을 그리워했고, 매년 그때와 같은 느낌을 못 가져서 슬프다고 하니까 나도 슬퍼질 수밖에요. 그래서 크리스마스를 아름답고 마법처럼 특별하게 만들려고 노력했지만, 그 사람 기분은 절대 바뀌지 않았어요. 그는 항상 내가 잘못하고 있다는 메시지를 전달했어요. 정말 지쳤어요."

내현적 나르시시스트는 매우 수동적이다. 그들은 자신의 행복을 위해 상대방에게 책임을 떠넘기며, 행복하지 않으면 상대방을 비난한다.

"그 사람 휴가 때마다 악몽이었어요. 내가 모든 걸 했죠. 계획을 세우고 모두가 기분이 좋도록 애썼어요. 그런데 어찌 됐든 간에 그는 내내 짜증을 내며 투덜거렸어요. 뿌루퉁해서는 사소한 것에도 불평을 해댔고요. 아름다운 장소에 있어도 화낼 만한 꼬투리를 찾아내곤 했죠. 결국 내 잘못이구나, 그가 불행한 게 내 탓이구나 했어요."

　　나르시시스트는 당신을 축하해주거나 당신이 행복할 때 기뻐하지 않는다. 그들은 주목이 자신에게 쏠리기를 원하기 때문에 어버이날, 휴일, 생일, 심지어 당신과 가까웠던 사람의 기일같이 특별한 날에도 일을 망친다. 불평을 하거나, 무슨 일이든지 당신의 기분을 나쁘게 만들려고 한다. 그들은 수단과 방법을 가리지 않고 자신이 중심이 되도록 그날을 만든다.

　　이런 풀 죽이기 효과를 설명하는 사례는 너무 많다. 예를 들어, 제닌은 여행을 좋아하는데, 이는 그녀 인생에서 가장 큰 즐거움이다. 새로운 장소를 탐험하고 친구들을 만나며 새 경험을 할 때마다 활력을 얻는다. 어느 날 남편이 옆에 앉아 말했다. 자기가 어떤 무속인과 이야기를 했는데, 그 무속인이 제닌이 여행을 너무 자주 다닌다고 말했다는 것이다.

　　내현적 나르시시스트는 당신을 망치고, 당신이 삶을 즐기는 것을 막기 위해 기괴한 일들을 벌인다. 그들은 당신이 기뻐하는 일을 시작하면 당신에 대한 통제를 잃고 억누를 힘을 상실할까 봐 두려워한다. 그래서 당신을 벌하고 단속하기 위해 수단과 방법을 가리지 않는다.

## 피해자를 무시하고 '가르치려 든다'

내현적 나르시시스트는 간접적이고 눈에 띄지 않는 방식으로 타깃을 무시한다. 그들은 자신이 당신보다 더 많이 알고 있고, 당신이 일을 제대로 못한다는 전반적인 메시지를 전달한다. 이러한 양상은 버림 단계에서 더욱 공격적으로 변한다.

겉보기에는 마치 그들이 당신에게 조언을 주거나 '건설적인 비판'을 하는 것처럼 보인다. 이는 나르시시스트가 부모일 때 더욱 두드러진다. 부모가 단순히 자녀를 위해 안내하고 도움을 주는 것처럼 보이지만, 자녀는 상황을 해결할 힘이 자신에게 없다고 믿게 되며 무기력과 삶에 대한 두려움을 느낀다. 피해자는 자신이 일을 잘 못하고 있다는 미묘한 메시지를 받지만, 문제는 그것이 '피해자를 위한 걱정'으로 보인다는 점이다. 당신은 생명력이 사그라지는 것을 느끼지만 그 까닭을 모른다.

버림 단계에서 제닌의 남편은 말도 없이 집을 나갔고, 그녀에게 사전 예고 없이 은행 계좌를 없애버렸다. 이후 그는 돈 문제를 어떻게 해결할 것인지 논의하기 위해 제닌을 만났다. 제닌은 전적으로 남편의 수입에 의존하여 세 자녀를 돌보는 전업주부였다. 남편은 매달 그녀에게 얼마를 보낼지 결정했고, 그 액수는 그녀와 아이들에게 평소 필요한 금액의 절반도 되지 않았다. 그는 이전에 제닌이 여행을 너무 많이 다닌다고 말한 무속인의 말을 전했다. 무속인이 말한 제닌의 인생 목적은, 스스로 열심히 일하고 다른 사람이 그녀를 지원해주리라 기대하지 않는 법을 배우는 일이라고 말이다. 남편은 그녀가 돈을 못 쓰게 함으로써 그 교훈을 배우도록 '돕고' 있다고 주장했다.

마찬가지로 메리는 자신이 사람들에게 직설적이고 당당하게 대할 때, 내현적 나르시시스트 파트너가 사람들에게 유난히 친절하게 대했던 것을 떠올렸다. 그는 메리의 강인함을 약화시키려고 그녀의 행동이 지나치다는 것을 간접적으로 전달했다. 또한 그녀가 말을 하지 못하도록 등에 부드럽게 손을 얹어 그녀를 제지하며 주변 사람들에게서 주의를 돌렸다. 이 몸짓은 메리가 사람들에게 과감하게 의견을 밝히는 행동이 잘못된 것이라는 메시지를 더욱 강화했다. 그는 메리를 지지하기보다는 사람들이 어떻게 생각하는지에 더 관심이 있었다. 그에게는 메리에게 바른 행동을 '가르치는' 것이 중요했다.

내현적 나르시시스트가 긴 세월 함께한 충실하고 헌신적인 배우자를 깔보는 방식은 불쾌하며, 비인간적이다. 생존자들은 관계 후반 단계에서 집에 갇힌 죄수처럼 느끼곤 한다. 그들은 해야 할 일과 하지 말아야 할 일을 지시받으며, 마치 지도가 필요한 어린애처럼 다뤄진다. 자신을 사랑한다고 믿었던 사람으로부터 이러한 모욕적인 대우를 받으며 서서히 무너져 내린다.

## 자기중심적이고 정서적으로 미성숙하다

나는 내현적 나르시시스트 부모의 자기중심적이고 정서적으로 미성숙한 행동에 대해 많은 이야기를 들으며 놀라움을 금치 못했다. 다음은 당신의 경험과도 비슷한 세 가지 예이다.

빌의 아내는 알코올 의존증이 있었다. 그녀는 치료를 모색하고 다양한 방법으로 도움을 찾았지만, 10대 자녀가 자신의 과정을 이해하지 못하는 것에 화를 내며 자녀들이 더 열심히 참여하길 원했다. 그녀는 빌에게 "애들이 지금 내가 어떤 일을 겪고 있는지 알아야 해!"라고 말하며, 자신의 문제를 잘 들어주는 한 아이만 편애하고 듣고 싶어 하지 않는 아이들을 소외시켰다.

캐서린의 남편은 영화 〈페노메논Phenomenon〉을 좋아했다. 그는 그 영화를 10대 딸과 함께 보길 원했지만 딸이 계속 거절하자 화를 냈다. 딸은 아빠와 함께 영화를 보고 싶은 마음이 전혀 들지 않았다. 그는 딸이 자신의 세계로 들어와 어떤 것에 열정을 느끼는지 알아주길 원했다. 결국 그는 캐서린을 통해 딸에게 이 사실을 전해달라고 부탁했다.

젠의 남편은 이혼 후 자녀들과 거의 시간을 보내지 않았다. 아들은 계속해서 아빠와 함께 시간을 보내려고 노력했지만 그는 매번 핑계를 대며 거절했다. 어느 날 아들에게 공짜 영화표가 생겼고, 그는 신나서 아빠에게 함께 가자고 물었다. 그러나 전남편은 다저스 경기를 새로운 여자친구인 사라와 볼 예정이라 함께 갈 수 없다고 했다. 아들은 아버지를 자주 보지 못해 답답하고 실망했다고 털어놓았지만, 그는 화가 나서 아들에게 이렇게 말했다.

"봐봐, 너는 내가 돌봐야 할 사람이 너무 많다는 걸 이해해야 돼. 나는 삼촌, 남자친구, 형제, 아들이기도 하단 말이야. 할 일이 너무 많아. 그리고 내가 다저스를 보러 가는 게 너도 신나지 않니?"

내현적 나르시시스트에게는 정말로 모든 것이 자기중심적이다.

## 행동에 항상 조건이 붙는다

내현적 나르시시스트가 당신에게 친절하게 대할 때는 조건 없는 애정에서 비롯된 것처럼 느껴지지 않을 것이다. 당신을 행복하게 하려거나 타인을 부드럽게 대하는 것을 좋아해서가 아니라, 언젠가 어떤 식으로든 갚아야 할 조건이 붙어 있는 것처럼 느껴진다.

그들이 주는 선물도 마찬가지다. 그들은 당신을 위해 쇼핑하면서 즐거워하거나, 선물을 주면서 큰 기쁨을 느끼는 경우가 없다. 그런 일은 그들에게 고된 일일 뿐이다. 결국 당신은 그들이 그 일을 하면서 얼마나 많은 어려움을 겪었는지 알게 되어 기분이 더 불편해지고, 조만간 어떻게든 보답해야 한다는 부담을 느끼게 된다. 또한, 그들이 많은 어려움을 겪은 후에는 당신이 그들의 감정을 보살펴야 할 것만 같다.

내현적 나르시시스트가 당신을 위해 문을 잡아주거나, 발 마사지를 해주거나, 당신의 말을 경청하는 등 애정 어린 행동을 보일 때도 마찬가지다. 만약 당신이 그런 행동을 받아들이지 않으면 모든 것이 되돌아와 결국 당신에게 불리하게 될 것 같은 느낌이 든다. 이는 순수한 사랑이 아니다. 결코 당신을 소중히 여기는 사랑하는 사람에게서 나오는 행동이 아니다.

정상적인 관계에서는 자연스러운 교류가 이루어진다. 그러나 내현적 나르시시스트와의 관계에서는 규칙이 다르다. 그 규칙은 모든 영역에서 그들 자신이 중심이라는 것이며, 이는 일방적인 관계를 의미한다.

## 사람을 도구로 이용한다

내현적 나르시시스트는 원하는 것을 얻으려고 사람들을 이용한다. 그들이 누군가의 말을 경청하는 척할 때 그들의 진심이 결여된 태도를 느낄 수 있다. 그들은 온전히 집중하지 않으며, 진심으로 함께 있는 것처럼 보이지 않는다. 그들은 정보를 얻기 위해, 동정심을 얻기 위해, 또는 원하는 자리에 오르기 위해 대화한다. 또 다른 동기는 사람들을 자기편으로 만들기 위한 것이다. 즉 '날아다니는 원숭이'를 만들기 위해서이다.

어느 영화의 한 장면을 보고 남자친구가 내현적 나르시시스트라는 사실을 자각한 한 여성의 이야기가 있다. 영화는 내현적 나르시시즘의 실제 모습을 이해하는 데 유용한 매체가 될 수 있다. 예를 들어, TV 시리즈 〈하우스 오브 카드〉에서 에피소드 '3장'의 끝부분을 보면, 프랭크 언더우드가 막 아이를 잃은 한 부부를 조종하고 있다. 그는 부부에게 엄청난 관심을 갖고 있는 것처럼 보이지만, 실제로는 자신의 정치적 어젠다를 진척시키기 위한 행동이다. 그들의 신뢰를 얻기 위해 노력하는 대화가 끝날 무렵, 프랭크는 카메라를 바라보며 진짜 속내를 밝힌다.

"당신이 내 사람들에 대해 이해해야 할 것은 그들이 고귀한 사람들이라는 것이다. 겸손은 그들 자부심의 한 형태이다. 그것은 그들의 강점이자 약점이다. 그리고 만약 당신이 그들 앞에서 자신을 낮추면 그들은 당신이 요구하는 것이 무엇이든 다 들어줄 것이다."

그는 부부의 마음과 슬픔 따위에는 관심이 없으며 오직 자신의 목적을 위해 순진한 사람들을 이용하고 있다. 이것이 바로 내현적 나르시시스트가 하는 일이다. 그들의 동기는 순수하지 않으며 공감 결여는 양심 없음으로 이어진다. 그들에게 사람은 사랑하기 위해서가 아니라 이용하기 위해 존재한다.

## 사람 미치게 하는 대화법을 가졌다
### "개소리를 정성스럽게"

그들의 가면이 깨지고 졸렬한 행동이 더욱 눈에 띄기 시작하면 내현적 나르시시스트와의 대화는 당신을 멍하게 하고 지치게 만든다. 이로 인해 당신은 그들이 아니라 자신의 현실과 정신에 문제가 있는지 의심하게 된다.

내현적 나르시시스트는 당신을 혼란스럽고 동요하게 만드는 뭉텅거리 단어들을 무작위로 던진다. 그 결과 당신은 정신이 아득해지고, 찡그린 미간이 영원히 풀리지 않을 것 같으며, 무슨 일이 벌어지고 있는지 알 수 없어 답답함에 비명을 지르고 싶어진다. 반면에 내현적 나르시시스트는 겉으로는 완전히 정상적인 사람으로 보인다.

그들이 나르시시스트라는 사실을 몰랐을 때, 당신은 그들을 공감 능력이 있고 조종하지 않는 평범한 사람으로 바라본다. 당신은 그들의 말이 사랑에서 비롯되었다고 믿는다. 의심의 여지가 있더라도 나쁜 의도가 없다고 믿고 긍정적으로 해석하며, 본질적으로 당신의 좋은 성품을 그들에게 투사한다. [피해자는 타인을 도구로 생각하지 않기 때문에 사람을 도구로 여기는 타인이 있다는 사실을 쉽사리 상상하지 못한다.] 그래서 그들이 당신에게 상처를 주고, 어리둥절하게 하고, 그럴듯하면서도 결국에는 완전히 틀린 말들을 내뱉을 때, 사람을 미치게 만든다.

## 드라마를 만든다

내현적 나르시시스트는 극적이고 부산스러운 상황, 즉 드라마에서 에너지를 얻는다. 그럴 필요가 없는 때에도 드라마를 만들어낸다. 그들은 화합이나 평화를 조성하는 데 관심이 없으며, 당신을 감정적으로 무너지게 하여 불안하게 만드는 일을 일부러 꾸미기도 한다. 가십거리를 만들거나 주변 사람들에게 당신에 대한 부정적인 생각을 심어, 그들이 당신을 달리 보도록 만든다. 어떤 내현적 나르시시스트는 심지어 친구나 가족에게 연락해 당신에게 잘못이 있고, 불안정하며, 거짓말쟁이고 조종자라고 믿게끔 한다. 당신의 감정적 지지자들이 사라지길 바라며, 자신의 투사를 다른 사람들에게도 확장시킨다.

그들은 당신이 발끈하도록 분노 가득 찬 이메일이나 문자를 보내고, 날아다니는 원숭이 중 한 명에게 당신이 온라인에 올린 게시물에 수동-공격적인 댓글을 달게 한다. 또 당신의 유튜브 채널을 구독하거나 인스타그램이나 스냅챗에서 당신을 팔로우하여 여전히 당신을 지켜보고 있음을 알려준다. 소름 끼치는 일이다.

어떤 내현적 나르시시스트는 최선을 다해 당신을 법원, 조정위원회, 또는 중재자에게로 데려갈 것이다. 그들은 당신의 삶을 가능한 한 비참하게 만들기 위해 많은 시간과 에너지를 쓴다. 별거나 이혼을 한 후에도, 일부 생존자들은 수년이 지나도 여전히 이런 일을 겪는다. 아이러니하게도 많은 내현적 나르시시스트는 드라마를 싫어한다고 이야기한다. 그들은 다른 사람들을 드라마틱하다고 비난하며, 심지어 당신이 드라마틱하다고 여러 사람들에게 말하기도 한다. 이것은 또 다른 투사이다. 내현적 나르시시스트는 혼란과 불화를 불러일으키고 다른 사람에게 고통을 주면서도, 자신은 완벽하게 순진무구한 사람처럼 행동하는 기가 막히는 능력을 갖고 있다.

## 그들은 사랑을 나누지 않는다
## 받기만 한다

나는 나르시시스트와의 성관계가 사랑이었다는 생존자의 말을 들어본 적이 없다. 피해자들의 성적 경험은 각기 다르지만 모두가 공통적으로 한 가지 주제를 언급했다. 바로 모든 것이 내현적 나르시시스트 위주로 돌아간다는 것이었다. 섹스는 두 사람 모두가 사랑받고 소중하다고 느끼는 아름다운 유대 경험이어야 한다. 이는 파트너에게 사랑을 표현하는 방식으로, 서로에게 즐거움을 주고 함께 즐길 수 있는 기회이다. 그러나 내현적 나르시시스트와의 성적 관계는 다른 관계들처럼 일방적이다.

이 주제에 대해 할 말이 너무 많아서 책의 '8장' 전체를 할애했다. 이 관계 영역이 혼란스럽고 해롭다고 생각하는 많은 여성, 남성과 이야기를 나눴다. 수치심이라는 감정이 상당히 개입되기 때문에 이 주제를 따로 이야기할 필요가 있다. 하지만 대부분의 생존자는 그들이 느낀 당혹감 때문에 아무런 말을 하지 않는다.

## 당신을 보호하지 않는다

내현적 나르시시스트는 당신을 보호하는 것보다 다른 사람들이 자신을 어떻게 보는지 더 신경 쓴다. 어떤 사람들은 사랑하는 사람을 보호하는 아름다운 특성을 가지고 있지만, 내현적 나르시시스트에게는 그런 특성이 없다.

누군가가 당신을 비판하면 내현적 나르시시스트는 당신을 방어하지 않는다. 그들은 가만히 있거나 수동-공격적인 형태로 그 비판이 옳다고 암시한다. 당신이 직접 방어에 나서면 내현적 나르시시스트는 "당신은 다른 사람 말을 잘 안 듣는군", "당신은 고집이 세", "당신은 진실을 감당할 수 없는 거야" 등의 말을 한다.

누군가가 당신에게 상처를 입혔을 때 내현적 나르시시스트는 침묵을 유지하는 경우가 많다. 당신은 이에 대해 자문하게 된다. 나와 이야기를 나눈 많은 생존자는 감정적으로 보호받지 못한 느낌을 받았다고 말했다. 당연히 그들과의 관계에서 외로움을 느끼게 된다.

세리는 어떤 사람에게 언어폭력을 당한 적이 있었다. 그녀는 당연히 화가 났다. 내현적 나르시시스트 남편이 마침 그곳에 있었지만, 그녀를 변호하는 어떤 행동도 하지 않았다. 대신 그는 언어폭력을 행사한 그 남자를 포함한 무리와 함께 저녁을 먹으러 나갔다. 세리는 몹시 불쾌했다. 그녀의 남편은 이 상황을 알고 있었지만, 식사 자리에서 언어폭력을 가한 사람을 포함해 다른 이들과 마치 아무 일도 없었던 것처럼 대화를 이어갔다. 그가 그 문제를 언급하지 않음으로써 세리는 존경과 친절을 받을 자격이 없으며, 그녀의 감정은 중요하지 않고, 결국 그녀가 관계에 홀로 남겨졌다는 명확한 메시지를 전달했다.

### 머릿속에서 이야기를 꾸며낸다
**"망상 소설 쓰고 있네"**

내현적 나르시시스트는 현실에서 근거를 찾을 수 없는

황당한 이야기를 하기도 한다. 그들은 이야기를 만들어내고, 전혀 사실이 아닌 일에 당신을 탓한다. 또한 그들은 당신의 생각과 행동의 숨은 동기를 자신이 정확히 알고 있다고 생각한다. 오랫동안 당신은 그들을 사랑했고, 그들도 당신을 사랑한다고 믿었기 때문에, 수년 혹은 수십 년을 함께한 배우자나 부모가 어떤 사람인지 정확히 알지 못했다는 상황은 매우 당혹스럽다.

　　토레이는 내현적 나르시시스트인 전남편을 한 지역 행사에서 다시 만났을 때, 자신이 그에게서 멀리 벗어났음을 확인하고 기뻤다. 사실 남편을 만나게 될지도 모른다는 사실을 알고 난 후부터 많이 불안했다. 그를 안 본 지 몇 년이 지났고, 이혼 후 그를 마주할 때마다 항상 불편하고 화가 났기 때문이다. 실제로 그가 나타나자 처음에는 동요했지만, 시간이 지나면서 자신이 그 사람을 진정 사랑했음을 느꼈다. 모든 잔인함을 경험한 후에도 그런 느낌이 든다는 것에 자신도 놀랐고, 기쁘기도 했다. 그녀는 스스로 많은 치유 작업을 거쳤고, 과거만큼 영향을 받지 않는 자신을 보고 안도했다. 전남편이 그녀에게 다가왔을 때, 토레이는 그 느낌을 간직하기로 마음먹고 그를 껴안으며 "사랑해"라고 말했다. 그것은 치유의 결과로 그녀가 예전에 정말로 그를 사랑했으며, 그녀의 더 높은 부분[영적 자아]에서는 지금도 순수한 사랑을 느낀다는 인정을 의미했다. 그녀는 결코 그와 함께할 수 없음을 이미 깨달았고, 연락을 계속하지 않아야 한다는 것도 알고 있었다. 그 순간 그녀는 그가 자신의 여정을 떠나도록 놓아주기로, 그리고 그녀 내면에 현존한 신성한 사랑을 느끼기로 결심한 것이다. 나중에 전남편은 토레이에게 편지를 써서, 그녀가 쇼를 하며 주변 사람들에게 좋은 인상을 주기 위해 친절하게 군 것이 역겹다고 전했다. 그는 그녀가 가짜이며 주목받길 원한다고 비난했다. 투사가 보이는가? 내현적 나르시시스트는 마음속으로 만들어낸 이야기를 진심으로 믿으며, 당신이 계속해서 "뭐라고?"라는 탄식을 불쑥불쑥 내뱉게 만든다.

## 당신을 알고 싶어 하지 않는다

당신을 알고 싶어 하는 척하는 것은 당신을 그들의 공급원으로 만들기 위한 그루밍 단계이다. 그들 행동은 진심이 아니며 철저히 조종적인 것이다. 시간이 지날수록 이는 더욱 명확해진다. 그들은 당신이 어떤 사람인지, 어떤 생각을 하는지, 무엇을 느끼는지에 관심이 없다. 이는 정상적이고 건강한 사람이 하는 행동이 아니다.

## 좋은 관계를 만드는 데 관심이 없다

내현적 나르시시스트는 결코 관계를 위해 분투하거나 노

력을 기울이지 않는다. 대부분의 생존자는 언제나 자신이 데이트를 계획하고, 의사소통을 시작하며, 관계를 발전시키려 노력했다고 말한다. 결혼이나 파트너십에 문제가 생기면 내현적 나르시시스트는 해결책을 찾으려고 애쓰지 않는다. 그들은 관계에 노력을 기울이는 데 아무런 관심이 없다.

## 통제와 조종

내현적 나르시시스트는 장기간에 걸쳐 매우 미묘한 조종 전술을 통해 피해자를 통제하고 폄하한다. 이러한 조작이 당신에게 미치는 영향은 파괴적이다. 내현적 나르시시스트와 함께하는 시간이 지날수록 당신은 에너지가 줄어들고, 삶에 대한 흥미와 자신감, 기쁨이 점점 줄어드는 자신을 발견하게 된다. 존재는 하지만 온전히 살아 있는 것 같지 않고, 천천히 쇠퇴하고 있는 것 같지만 그 이유를 확신하지 못한다. 이는 당신의 생명력이 빠져나가고 있다는 증거다.

개구리 이야기를 알지 않는가? 끓는 물에 개구리를 넣으면 빠르고 고통스럽게 죽지만, 미지근한 물에 넣고 천천히 불을 올리면 개구리는 무슨 일이 일어나고 있는지도 모른 채 죽는다. 이것은 내현적 나르시시스트와 함께 사는 것과 같다. 당신의 본질, 영혼, 내면의 빛이 영문도 모른 채 천천히 사라진다. 우울하고 의욕이 없지만, 그 원인을 다른 일 때문이라고 생각하며, 실은 자기 잘못이 아닌 일에 스스로를 비난하곤 한다.

우리 모두는 **조종**이라는 단어를 알고 있지만, 피해자를 혼란스럽게 하고 통제하기 위해 사용되는 다양한 전술에 대해 구체적으로 알지 못하기 때문에, 조종이 실제로 일어나고 있어도 바로 알아보지 못한다. 다음 장에서는 내현적 나르시시스트가 사용하는 여러 조종 방법을 자세히 설명하겠다. 이를 통해 그들의 수동–공격형 행동이 일상에서 어떻게 나타나는지 확인하고, 곧바로 인식할 수 있도록 돕고자 한다.

# 5

# 통제와 조종

"은밀한 감정 조종 기술은 통제를 비밀리에 하는 방법이다. 이러한 기만적인 전술은 당신의 행동과 인식에 변화를 준다. 은밀한 조종은 무의식 수준에서 작동하며, 피해자는 대개 자신이 조종당하고 있다는 사실을 깨닫지 못한다."

-아델린 버치,《30가지 은밀한 감정 조종 기술 30 Covert Emotional Manipulation Tactics》

우리는 조종이 일어나는 것을 거의 자각하지 못한다. 그것은 무의식에서 작동하므로 그 전술들을 인식할 수 있도록 반드시 공부를 해야 한다. 이러한 이유로 나는 이 장 전체를 통제와 조종에 할애했다.

누군가가 조종하고 있다는 가장 큰 증거는 어떤 사람과 함께 있을 때의 느낌이다. 순수한 의도를 가진 사람과 함께 있으면 자기 자신을 기분 좋게 느끼고, 스스로가 강해지는 느낌이 든다. 그러나 조종당할 때는 자신을 의심하고, 작아지는 느낌이 들며, 그들이 자신보다 더 많이 알고 있다고 생각하게 되고, 묘하고 이상한 느낌을 받게 된다. 이것이 바로 위험 신호다.

다행스러운 점은 공부를 하면 할수록 조종 행동들을 더 빨리 인식할 수 있고, 그 인식이 우리에게 큰 힘을 준다는 것이다. 우리는 훨씬 더 강해지고, 삶과 주변 사람들에 대한 두려움을 덜 갖게 된다. 이로 인해 당신은 어느 때보다도 자신을 더 신뢰하게 되고, 이는 살아가는 데 있어 멋진 전환점이 될 것이다.

다음은 내현적 나르시시스트가 사용하는 몇 가지 조종 방법이다.

## 가스라이팅

가스라이팅은 당신에게 의심의 씨앗을 심어주는 조종의 한 형태다. 이 전술을 통해 당신은 자신의 기억, 인식, 정신 상태에 의문을 갖게 된다. 실제로는 그렇지 않은데도, 당신은 뭔가 잘못되었다고 생각한다. 잡지 〈사이콜로지 투데이Psychology Today〉는 가스라이팅을 "개인이나 단체가 더 많은 권력을 얻기 위해 피해자로 하여금 자신의 현실에 의문을 갖게 하는 전술"로 정의한다.

내현적 나르시시스트는 지속적인 부인, 주제 돌리기, 거짓말, 탓하기를 통해 이를 달성한다. 목적은 타깃을 불안정하게 만들어 약화시키고, 결국 자신들이 통제할 수 있도록 하는 것이다. 이로 인해 당신은 무슨 일이 일어나고 있는지 진실을 보는 대신 자신을 의심하기 시작한다.

누군가가 가스라이팅을 할 때 받는 메시지는 **"그들 말이 항상 옳다"**와 **"내가 잘못 알고 있는 거구나"**이다. 당신이 스스로를 의심하게 만들기만 하면, 내현적 나르시시스트는 당신을 통제할 수 있게 된다. 이는 수년, 심지어 수십 년 동안 지속될 수 있다. 이 전술은 당신이 자신의 판단, 신념, 직감을 신뢰하기 어렵게 만들고 자신감을 앗아간다. 결국 당신은 우울해지고 예전의 생기 넘치던 평온한 정신을 잃게 된다.

많은 피해자는 자신의 기억을 의심하기 시작한다. 이로 인해 내현적 나르시시스트의 의견에 더 귀를 기울이게 된다. 내현적 나르시시스트는 타깃보다 더 많이 아는 척을 하기 때문에, 결국 타깃은 자신보다 내현적 나르시시스트를 더 신뢰하게 된다.

마크는 이 전술이 굉장히 익숙했다. 그가 과거 일을 꺼냈을 때, 내현적 나르시시스트인 아내는 "그런 일 없었어"라고 말하곤 했다. 그는 그 일이 있었다고 확신했지만 혼란스러웠다.

그러면 그녀는 "당신은 누굴 믿어? 기억력이 나쁜 당신? 아니면 기억력이 좋은 나?"라고 덧붙였다. 이런 일이 20년 동안 계속되면서 마크는 자신의 기억력과 제정신에 의문을 가지게 되었다.

가스라이팅으로 인해 자신의 기억력을 의심하게 되는 일은 매우 흔하다. 내가 인터뷰한 한 여성은 뇌에 심각한 문제가 있다고 생각해 실제로 신경과 전문의를 찾아갔다고 했다. 어떤 내현적 나르시시스트는 일부러 상대의 지갑을 다른 방에 두는 등 극단적인 행동도 취한다. 타깃은 평소에 지갑을 올려둔 곳에 놓았다고 확신하기 때문에 지갑을 잃어버렸다고 생각하게 되는 것이다.

가스라이팅은 미묘하고, 교활하며, 의도적이다. 마치 타깃에게 무슨 문제가 있는 것처럼 느끼게 만든다. 던과 브래드가 친밀한 사이가 되었을 때, 던은 성관계 후에 자신이 이용당한 느낌이 들었지만 둘의 관계가 너무 좋았기 때문에 그 이유를 알 수 없었다. 브래드는 그녀의 기분에 대해 전혀 언급하지 않았고, 자신의 행동이 그녀에게 어떤 감정을 일으킬 수 있는지 성찰하지도 않았다. 대신에 그녀가 고쳐야 할 점들로 그녀의 주의를 돌렸다. 브래드는 던이 너무 예민하고 일을 과하게 해석한다고 말했다. 그는 그녀가 스스로를 의심하게 하려는 의도로 그녀에게 초점을 맞췄고, 그녀는 이를 알아채지 못했다. 그는 계속해서 그녀에게 의심의 씨앗을 심고 가능한 한 자주 물을 주었다. 이렇게 해서 수년 동안 가스라이팅을 할 수 있었다.

　만약 당신이 부끄러움이나 수치심 때문에 친구나 가족에게 어떤 사실을 숨기고 있다면, 누군가가 당신을 가스라이팅하고 있을 가능성이 크다. 몇 년 동안 오르가슴을 느끼지 못했지만 던은 부끄러워서 친구들에게 절대 말하지 않았다. 마크가 자신의 기억에 대한 고민을 누구에게도 말하지 않은 것처럼, 그녀도 자신에게 뭔가 문제가 있다고 믿으며 말하지 않았다.

　만약 당신이 절망적이고, 즐거움을 느끼지 못하며, 어리둥절함을 느끼고, 스스로 내린 판단이나 생각을 자주 곱씹거나, 자신이 너무 예민한 것은 아닌지 의심한다면 가스라이팅의 피해자일 수 있다. 당신의 인생에 좋은 일이 많음에도 불구하고 왜 그렇게 불행한지 알 수 없다면, 이런 종류의 조종에 노출된 것일 수 있다. 어쩌면 당신은 친구나 가족에게 나르시시스트인 부모나 파트너의 행동을 변명해주고 있을지도 모른다. 이 모든 것이 당신이 가스라이팅에 노출되었다는 신호다.

## 삼각 관계화

　삼각 관계화[사회적 상황에서 한 사람이 다른 두 사람 간의 관계를 이용하여 갈등을 유발하거나 자신의 입장을 강화하는 전략]는 내현적 나르시시스트가 두 사람 사이에서 메신저 역할을 하며 조종하는 전술이다. 내현적 나르시시스트는 자신이 드라마를 만드는 사람이라는 사실을 어느 쪽도 알아차리지 못하게 하면서 서로를 대적하게 만든다. 이들은 드라마를 싫어한다고 자주 말하며, 사람들이 "너무 드라마틱하다"고 비난하며 무시한다. 사실 내현적 나르시시스트가 드라마를 만들지만 그들은 피해자가 눈치채지 못할 정도로 은밀하게 행동한다.

예를 들어, 내현적 나르시시스트가 거짓으로 A에게 당신이 A의 뒷담화를 했다고 전한다. 실제로는 전혀 하지 않았는데도 말이다. 그런 다음, 나르시시스트는 당신에게 와서 A가 실제로는 하지 않은 말을 또 전해준다. 내현적 나르시시스트는 말과 감정을 이용하여 양쪽 사이에서 스트레스를 견디는 자신을 안타까워하게 만든다. 한편 당신과 A는 서로를 볼 때마다 화, 상처, 긴장을 느낀다. 내현적 나르시시스트가 양측에 서로에 대한 거짓 정보를 계속 제공하면서 불을 지피기 때문에, 시간이 갈수록 상황은 더욱 악화된다. 내현적 나르시시스트는 느긋하게 앉아 양측의 적대감이 커지는 것을 지켜보면서 자신의 순결무구한 평판을 유지한다. 면전에서는 각자의 곤경에 대해 배려하고 공감하는 척한다. 이런 상황은 수년 동안 지속될 수 있다.

돈은 아내 재키에게 그의 여동생이 그녀를 형편없는 운전자라고 말했음을 전했다. 아내와 여동생이 시내의 여러 명소를 돌아다니며 1박 2일을 같이 보낸 적이 있었는데, 그때를 말한 것이다. "정말로?" 재키는 그 말이 이상하다고 생각했다. 그녀는 자신이 운전을 잘하는 걸 알고, 시누이와 함께 즐거운 시간을 보냈다고 생각했기 때문이다.

"응, 호텔에서는 당신은 잡지를 읽으며 앉아 있고, 자기더러는 침대를 정리하라고 시켰다던데 사실이야? 정말로 그랬어?" 돈은 순진한 표정으로 물었다.

"뭐? 아냐! 절대로 그런 적이 없는데? 왜 그런 말을 하는 거지?"

"모르겠는데?" 돈이 대답했다. 그는 미안한 듯 순진한 어조로 말했다. 재키는 남편이 자기편인 것 같았다. 그녀는 혼란스러울 수밖에 없었고, 그의 말을 곱씹으며 이런 추론도 했다.

'내가 정말로 난폭 운전을 했나? 진짜로 내가 잡지를 읽으면서 침대 정리를 시켰나? 절대 그런 적이 없는데? 내가 시누이가 침대를 정리해주기를 원한다고 느끼게끔 행동했나? 시누이가 그렇게 말한 데는 이유가 있을 텐데.'

재키는 자신의 현실에 의문을 제기했다. 마음이 힘들었다. 그녀는 시댁 가족이 자신을 좋아하기를 간절히 바랐다. 돈은 재키에게 시댁에 더 열심히 노력해야 한다는 말도 했다. 그녀는 많은 압박과 상처를 받았다. 이후 그녀는 시댁 식구와 교감하려 애썼고, 그들이 자신을 좋아해주길 바라며 진실된 모습을 보여주었다. 가끔 상황이 좋아질 때면 돈은 시댁 가족이 그녀를 두고

한 또 다른 말을 꺼내곤 했다. 이로 인해 긴장이 계속 쌓였고, 재키는 가족과 함께 있을 때면 초조함과 불안을 느낄 수밖에 없었다. 이 전술은 타깃을 산만하게 하여, 모든 고통의 배후에 있는 진짜 주인공을 드러내는 대신 나르시스트의 고통을 다른 사람에게 전가시키는 것이다. 또한 타깃을 끝없는 혼란에 빠뜨리고 충분하다는 느낌을 가지지 못하게 만든다. 타깃이 불안정할수록 내현적 나르시스트는 더 많은 통제력을 가질 수 있다.

누군가가 자신의 아내에 대해 나쁜 말을 하면, 건강한 남편은 그 말이 아내에게 고통만 줄 것임을 알기에 아내를 위해 맞서고 그 내용을 전하지 않는다. 건강한 남편은 아내가 고통을 느끼는 것을 원치 않는다. 나는 내현적 나르시스트의 삼각 관계화와 비교하여 진정한 사랑이 어떤 모습인지 보여주기 위해 이를 언급하고 있다.

또 예를 들어, 삼각 관계화는 내현적 나르시스트가 여자친구에게 자신의 직장에 자신을 계속 유혹하는 여성이 있다고 말하는 것이다. 그는 자신이 매력적이라는 환상을 만들어 여자친구에게 언젠가 그녀가 대체될 수 있다는 두려움을 심는다. 정서적으로 건강한 사람은 자신이 사랑하는 사람에게 질투심이나 불안감을 일으키지 않는다.

또 다른 전술로는 내현적 나르시스트가 새 여자친구에게 전 애인이 얼마나 끔찍했는지, 얼마나 자신에게 상처 주고 힘든 사람이었는지, 얼마나 변덕스러웠는지 등의 이야기를 들려준다. 여기서 두 가지 일이 발생한다. 첫째, 새 여자친구는 그가 안쓰러워서 그를 위로하고 모든 관심을 그에게 기울이고 싶어 한다. 둘째, 내현적 나르시시스트는 새 여자친구가 자신과 함께 하길 원한다면 그녀가 어떻게 행동해야 하는지를 미묘하게 암시한다. 새 여자친구는 그의 전 애인이 한 언행을 절대 하지 않도록 주의하면서 관계를 형성할 것이다. 이것이 새 여자친구의 행동을 통제하는 방법이다.

이 전술은 내현적 나르시시스트가 타깃과의 관계를 지속할지 말지를 결정하는 버림 단계에서 다시 등장한다. 그들은 사안을 당신에게 직접 이야기하지 않고 제삼자, 즉 자신을 잘 알고 동의할 만한 사람을 찾아간다. 내현적 나르시시스트는 대체로 당신을 거의 모르는 사람에게 이야기를 털어놓는다. 그러곤 주변 사람들 역시 당신을 탓했고, 당신을 떠나라고 했다며 확인시켜준다.

내현적 나르시시스트는 다른 타깃을 찾은 후, 새로운 파트너를 만나서 더 행복하다고 대놓고 이야기한다. 이것이 또 다른 삼각 관계화이다. 내현적 나르시시스트는 당신을 존중하지 않는다. 그들은 당신의 감정을 배려하지 않는다. 그들에게는 엄청난 분노가 있으며 공감은 없다. 그들은 오로지 자신밖에 모른다. 이것이 요점이다.

## 간헐적 강화
### 채찍과 당근 번갈아 주기

간헐적 강화는 인간관계 맥락에서 내현적 나르시시스트가 친절과 사랑의 행위를 일관적으로 하지 않고 간헐적으로 할 때를 가리킨다. 아델린 버치는 저서 《30가지 은밀한 감정 조종 전술》에서 "이것은 엄청나게 강력하고 효과적인 조종 전술이다. 실제로 심리학 전문가들은 이것을 현존하는 행동 동기 중 가장 강력한 것이라고도 본다"고 말한다.

간헐적 강화는 나르시시스트가 설정한 규칙에 따르는 조건적인 행동을 말한다. 그들의 사랑은 불규칙적이며 그들의 조건에 달려 있다. 이로 인해 당신은 불안정해지고 그들의 사랑과 관심을 갈망하게 된다. 그 관계는 미묘한 잔인함과 주기적인 애정이 혼합되어 나타난다. 그들은 당신에게 구애하다가도 갑자기 멀어진다.

이것 때문에 당신은 계속해서 그들을 기쁘게 하여 사랑의 보상을 얻고자 한다. 이것 때문에 당신은 처음에는 결코 용납하지 않았을 그저 그런 대우에도 감사하게 되고, 자연스럽게 기준을 대폭 낮추게 된다. 결국 자신은 더 나은 대우를 받을 자격이 없고 사랑과 애정을 받을 가치가 없다고 믿게 된다. 혹은 이런 상황이 연인, 부부 사이에서 일어날 수 있는 평범한 일이라고 생각하게 된다. 연애 관계에서 내현적 나르시시스트는 때로는 당신에 대해 확신이 없는 것처럼 보이고, 때로는 당신이 그들에게 유일한 사람임을 강조한다. 당신은 그들 옆에서 자신의 위치가 어디인지 결코 갈피를 잡지 못한다.

신경내분비학자이자 작가인 로버트 새폴스키 박사는 한 강의에서 간헐적 강화가 왜 그렇게 강력하고 효과적인 조종 도구인지 훌륭하게 설명했다. 그는 연구를 통해 강화 패턴이 변경되었을 때 원숭이의 도파민 수치에 어떤 일이 일어났는지 설명한다. 원숭이들은 불이 켜졌을 때 레버를 누르면 보상을 받도록 훈련받았다. 원숭이들은 매번 보상을 받았지만, 보상을 받았을 때 도파민 수치는 상승하지 않았다. 대신 보상을 기대할 때 도파민 수치가 올라갔다.

이어서 과학자들은 규칙을 변경했다. 원숭이들은 같은 양의 일을 했지만 보상은 절반의 시간 동안만 주어졌고, 보상 시기를 예측할 수 없게 했다. 도파민 수치에 무슨 일이 일어났을까? 사람이 코카인을 흡입할 때와 비슷한 수준으로 도파민 수치가 상승했다. 방정식에 '어쩌면'이라는 요소를 추가하면 우리 뇌에 이런 일이 발생한다. 간헐적 강화는 이처럼 엄청나게 강력한 통제 전술이다. 사람들은 확실함보다 '어쩌면'에 훨씬 더 열심히 일한다. 강의에서 새폴스키는 "'어쩌면'을 도입했을 때보다 유기체에서 더 많은 행동을 얻을 수는 없다"라고 말한다.

유사점이 보이는가? 원숭이들은 처음에 애정 공세를 경험했다. 규칙이 바뀌고 폄하 단계가 시작되었다. 애정 공세 단계가 그토록 강력한 이유가 바로 이것이다. 이 단계는 당신이 아주 작은 사랑이라도 간헐적으로 받기 위해서 엄청나게 노력하도록 그 기반을 다진다. 당신의 두뇌는 '어쩌면'이라는 강력한 희망 때문에, 내현적 나르시시스트에 의해 그들 곁에 머물도록 길들여진다.

내현적 나르시시스트는 당신에게 사랑스러운 말을 하고, 칭찬하며, 저녁을 만들어주고, 선물을 사준다. 그런데 이러한 행동을 무작위로 한다. 그들은 여러 수단을 사용하여 당신을 사랑에 빠지게 하려고 친절하고 배려 넘치게 행동하면서도, 동시에 당신을 무시하며 약하고 하찮다고 느끼게 한다. 그들은 당신이 뭔가 잘못됐다고 생각하게 만들고 침묵으로 대응하여, 당신이 그들 불행의 원인이라고 믿게 만든다. 여러 방법으로 당신을 불안하고 충분하지 않다고 느끼게 한다.

내현적 나르시시스트의 거리두기를 느끼면 당신은 걱정과 온갖 불안한 생각에 빠지게 된다. '내가 뭘 잘못 말했나? 하지 말아야 할 행동을 했나?' 당신은 그들을 다시 당신 곁에 두기 위해, 그리고 당신이 했을지도 모르는 실수를 되돌리기 위해 많은 에너지를 쓴다. 그러면 그들은 다시 친절해지고, 당신은 또다시 안도한다. 이는 그들 기분에 따른 감정의 롤러코스터로 당신은 끊임없이 그들을 신경 쓰게 된다. 당신이 이런 식으로 행동하는 한, 그들에게 에너지 공급원으로서의 쓸모가 있다. 이로 인해 당신은 조종과 통제에 취약해진다.

이 때문에 당신은 절박함을 느끼고, 그들의 관심에 기대게 되며, 조건에 따라서만 나오는 간헐적이고 예측할 수 없는 사랑과 관심을 받기 위해 열심히 노력하게 된다. 피해자는 종종 동반의존자codependent[가족 일원 중 누군가 마약이나 술 등을 하면 나머지 구성원이 심리적으로 불건전해지는 공동의 관계]로 오해받곤 한다. 왜냐하면 그들이 동반의존자가 하는 방식으로 행동하기 때문이다. 하지만 사실 많은 피해자는 동반의존자가 아니다. 피해자는 평소에는 결코 하지 않을 행동을 할 수밖에 없게끔 조종된 것이다. 피해자가 이러한 관계에서 벗어나 상황을 명확히 보기 시작하면, 본래의 자신으로 돌아가 과거보다 훨씬 더 강한 사람이 된다.

## 거짓 사과

나르시시즘을 공부할 때 나르시시스트는 절대 사과하지 않는다는 말을 듣곤 한다. 외현적 나르시시스트의 경우 대체로 해당되지만, 내현적 나르시시스트의 경우는 그렇지 않을 수 있다.

조앤은 결혼 초기 몇 년 동안 남편이 수월하게, 그리고 자주 사과하는 것에 깊은 인상을 받았다. 남편은 자신보다 사과하는 데 더 능숙했고, 그녀가 아는 그 누구보다도 사과를 잘했다. 하지만 돌이켜보면 어떤 패턴을 발견할 수 있었다. 먼저 남편은 조앤이 그의 언행으로 받은 상처를 표현하면 잘 들어주고, 사과하고, 며칠 동안은 행동을 바꾸었지만, 이후에는 이전과 똑같은 행동을 반복했다. 시간이 지나면서 삶의 다른 책임들에 치여 그녀는 그에 대한 노력을 그만두었다. 이상적이지 않은 그의 면들을 그저 받아들이고 좋은 부분만을 보는 법을 터득했다. 그는 그녀를 지치게 했고, 그를 대면하고 그녀 자신의 감정을 말하는 것이 얼마나 무의미한지를 미묘하게 심어주었다.

내현적 나르시시스트는 공감 능력이 없지만 그렇게 보이도록 행동하는 방법을 알고 있다. 사과도 마찬가지다. 그들은 실제로 진정성 없이 미안하다고 말하는 데 매우 능숙하다. 그들은 순간적으로 당신을 달래기도 하지만, 관계를 개선하거나 상대방을 더 잘 대하기 위해 변화하는 데는 관심이 없다.

## 주제 돌리기
### 초점을 틀어 상대방에게 뒤집어씌우기

내현적 나르시시스트는 문제가 생기면 주제를 돌리거나 초점을 틀어서 당신 잘못으로 만드는 데 탁월한 재주가 있다. 그들이 감정적으로 당신에게 상처를 입히면 당신은 당연히 그것에 대해 항의한다. 하지만 상황은 결국 당신이 뭔가 잘못한 것처럼 돌아가고, 상처받은 당신이 되레 사과를 하게 된다. 이것이 피해자가 경험하는 공통적인 패턴이다.

클레어는 이혼 후에도 내현적 나르시시스트인 전남편으로부터 계속해서 모욕적인 이메일을 받았다. 그녀는 연락을 끊으려고 한동안 메일을 무시했다. 그러던 어느 날, 그녀는 맞서서 뭔가 말을 해야겠다고 결심하고 전남편에게 답장을 썼다. 만약 그가 감정적으로 모욕적인 이메일을 더 보내면 그를 차단하겠다고 적었다. 그녀의 이메일은 간단하고 요점이 분명했다. 전남편은 몇 시간 내에 두 페이지 분량의 답변을 보냈다. 그 메일에는 클레어가 학대라고 주장하는 것이 사실은 그녀가 직면하고 싶지 않은 문제들의 본질이라는 내용이 담겨 있었다. 그는 클레어가 정직한 사람들을 감당할 수 없다고 주장했다. 또 잔인하고 모욕적인 말로 그녀의 여러 가지 '문제점'을 나열했다.

내현적 나르시시스트는 초점을 상대방에게로 돌려 자신을 희생자로 만들고, 현실을 왜곡하며 모든 문제를 타깃의 탓으로 돌리는 데 매우 능숙하다.

이런 일이 자기계발 모임뿐만 아니라 영적 모임에서도 일어나는 것을 보았다. 코스타리카 힐링 센터의 영적 지도자인 케빈은 참석한 여성들에게 부적절한 발언을 자주 하곤 했다. 여성들은 케빈 주위에서 불편함을 느꼈다. 한 여성이 그의 부적절한 행동을 지적했을 때, 그는 부드러운 목소리로 "자극을 받은 것 같네요, 사라. 당신이 이것으로 무엇이 떠올랐고 어떤 느낌인지 궁금한데요?"라고 말하며 그녀에게 초점을 맞추었다. 그는 자신의 행동을 인정하고 책임지기보다는, 마치 그것이 사라에게 배움의 기회인 것처럼 행동했다. 사라는 당황스러웠다. 심지어 그가 매우 친절하고 배려하는 것처럼 들리기까지 했으니 말이다. 그는 그녀에게로 관심을 돌려버림으로써 존경받는 리더로서의 지위를 유지하고, 사라는 자신에게 고쳐야 할 문제가 있다는 느낌을 받고 자리를 떠났다. 이로 인해 사라는 상대가 그녀를 모욕적이고 무례하게 대해도 아무 일도 일어나지 않는다는 메시지를 받게 되었다.

## 피해자 탓하기 / 비난하기

내현적 나르시시스트는 모든 것을 피해자의 탓으로 돌리고 비난한다. 그들의 통제 방법 중 하나는 자신이 책임을 지지 않고, 그들의 나쁜 행동이 상대방 탓이라고 말하는 것이다.

- "네가 변호사 선임이라는 입장을 정했으니까 나는 말로 공격하는 거야. 내가 폭력적이라고 한다면 그건 네 잘못이야."

- "내가 바람을 피운 이유는, 브라질리언 왁싱이 중요하다고 말했는데도 네가 안 했기 때문이야. 그때 네가 나한테 관심이 없는 걸 알았지. 그래서 다른 여자를 만난 거야."
- "낡은 세탁기가 고장 났을 때 너는 나한테 묻지도 않고 새 세탁기를 샀더군. 그래서 내가 은행 계좌를 없애버렸지."

다음은 피해자가 내현적 나르시시스트로부터 실제로 들었다는 몇 가지 말이다.

- "애들이 나를 안 좋아하는 건 네 탓이야."
- "내가 행복하지 않은 건 네 잘못이야."
- "우리 가족이 널 안 좋아하는 건 다 네 탓이야."
- "크리스마스 때마다 내가 불행한 건 네 잘못이야. 네가 서두르지 않고 트리를 장식하는 과정을 즐겼다면 내가 크리스마스를 더 즐길 수 있었을 거야."
- "우리 딸이 노스웨스턴 대학에 못 갔어. 다 너 때문이야."
- "내가 마음의 문을 닫은 건 네 탓이야."
- "우리 딸이 소프트볼을 하지 않게 된 건 네 탓이야."
- "내가 포르노를 본 건 네 잘못이야."
- "내가 짜증 난 건 너 때문이야."
- "나한테 친구가 없는 건 네 탓이야."

- "우리가 빚을 진 건 네 탓이지."
- "내가 우울하고 화가 난 건 네 탓이야."
- "내가 널 괴롭히는 건 네 잘못 때문이지."
- 그리고 대망의 피날레로서 "너는 네 책임을 안 지려고 모든 걸 내 탓으로 돌리지."

## 현실 왜곡

내현적 나르시시스트는 말도 안 되고 현실에 근거도 없는 거친 말을 던진다. 그들은 매우 강하고 그럴듯하게 말하기 때문에 분명 거짓말인데도 다시 생각하게 만든다. 그들의 비난은 저렴한 의료 서비스 부족이나 만년설이 녹아내리는 게 당신 탓이라고 말하는 것만큼이나 우스꽝스럽다. 그런데도 당신은 잠시 그들의 말이 옳은지 의구심을 갖는다. 오랫동안 조종당해왔기 때문이다. 당신은 세뇌당했고 그것을 해제하는 데 시간이 걸린다.

하지만 진실을 보게 될 것이다. 명확하게 볼 날이 온다. 다만 시간이 좀 걸릴 뿐이다. 당신은 괜찮아질 것이다. 지금 당장 상상할 수 있는 것보다 더 괜찮아질 것이다.

메리의 이야기는 내현적 나르시시스트가 어떻게 현실을 왜곡하는지 잘 보여준다. 메리의 내현적 나르시시스트 전남편은 기회가 있을 때마다 그녀의 돈을 빼내려고 했다. 어느 날, 그들의 딸이 여행 경비 지원을 원했다. 남편이 일찌감치 양육비 지급을 취소하려고 소송을 해서 메리는 아무런 돈도 받지 못했다. 남편은 메리가 돈을 똑같이 내면 일정 금액을 주겠다고 딸에게 말했다(자녀를 이용하는 것은 삼각 관계화의 또 다른 일반적인 형태다). 그는 메리보다 훨씬 부유했고, 이로 인해 메리는 그나마 없는 돈을 쥐어짜야 할 상황이 되었다. 그녀는 과거처럼 그의 요구에 굴복하고 싶지 않았다. 그녀는 그가 자신을 대하는 태도에 경계를 정하기로 했다. 그에게 편지를 써서 자신이 지불할 수 있는 액수를 말했다.

전남편은 메리가 얼마나 끔찍한 엄마인지, 얼마나 이기적이고 물질적인지 비난하는 이메일을 곧장 보냈다. 그는 그녀가 딸을 방임했다고 과장되게 분노하며, "네가 우리 딸한테서 손을 뗀 거나 마찬가지지!"라고 말했다. 그녀는 침실에 앉아 그 문장을 읽고, 컴퓨터에서 시선을 돌려 복도 건너편 딸의 방을 바라보았다. 침대 위에 최근 딸에게 사준 반바지가 놓여 있었다. 막 지불한 딸의 자동차 엔진오일 교환 비용, 딸이 자신의 삶을 꾸릴 수 있도록 도와준 시간, 무수한 포옹, 딸을 위해 만든 모든 식사, 딸이 가장 좋아하는 음식으로 가득 찬 냉장고를 떠올렸다. 그녀는 "그래, 그 말이 맞다. 이게 확실히 딸하고 관계를 끊은 엄마의 모습이군"이라고 냉소했다.

이 상황은 현실 왜곡일 뿐만 아니라, 그가 한 일을 투사한 것이기도 하다. 진실은 남편이 딸과 관계를 끊고 거의 만난 적이 없으며, 딸의 생활을 챙겨본 적이 없다는 사실이다.

나는 피해자들로부터 이와 같은 무수한 이야기를 들었다. 그들은 자녀를 사랑하고, 상대 파트너가 전혀 자녀를 돌보지 않을 때에도 훌륭한 엄마이자 아빠로서 자녀를 보살폈다. 그러나 내현적 나르시시스트는 정반대로 상황을 묘사하며 상대의 양육 방식을 비난한다. 더 나아가 피해자에게 앙갚음하려고 자녀를 이용하는 경우도 흔하다.

## 간접적인 모욕 / 넌지시 암시하는 발언들

내현적 나르시시스트는 버림 단계 전까지는 거의 직접적인 모욕을 하지 않는다. 대신 얕잡아보고, 폄하하며, 무례한 발언을 통해 의문을 갖게 만든다. "그게 무시였나? 무시였던 것 같아. 너무 찜찜해. 그런데 그 사람은 너무 순진한 표정으로 나를 바라보고 있어서 완전 말문이 막혀."

수는 내현적 나르시시스트 남편 스튜어트와 두 자녀를 데리고 가족 여행을 떠났다. 아이들은 리조트 레스토랑에서 아침으로 뷔페 식사를 먹고 싶어 했다. 가격이 비쌌지만 수는 그들에게 특별히 휴가인 만큼 뷔페에서 식사하는 특별한 아침을 보내겠다고 약속했다. 마침내 그날이 왔다. 남편은 휴가 중에도 평소와 마찬가지로 기분이 안 좋아 보였고 짜증을 냈다. 그래서 수는 그날 아침 일찍 일어나 다른 가족이 깨기 전에 혼자 조용한 시간을 보냈다. 그녀는 그들에게 자신은 식당에 있을 것이며, 식사할 준비가 되면 그곳에서 만나자고 문자를 보냈다. 세 사람을 기다리는 동안 커피와 일기장을 사야겠다고 생각했다.

시간이 지나 아이들은 많은 양의 음식을 먹을 생각에 신이 나서 달려왔고, 그 뒤를 내현적 나르시시스트인 남편도 따라왔다. 그들은 수가 커피를 마시며 앉아 있는 테이블로 걸어왔다. 스튜어트는 아내를 바라보며 명랑하고 순진한 어조로 말했다. "여보, 당신 혼자 먼저 내려와서 뷔페를 먹은 거야?" 아이들은 테이블에 접시가 하나도 없는 것을 보고 아빠를 이상하게 쳐다봤다. 딸은 황당한 표정으로 아빠를 바라보며 말했다. "마치 엄마가 매번 그랬던 것처럼 말씀을 하시네요…."

보통 사람에게는 이것이 큰 문제처럼 보이지 않을 것이다. 그러나 내현적 나르시시스트와 함께 살아본 사람이라면 이러한 작은, 살짝 위장된 비꼬기가 특히 관계의 끝자락에서 많이 발생한다는 것을 알고 있다. 내현적 나르시시스트는 순진하게 들리는 말을 하지만, 피해자는 그 뒤에 숨겨진 수동적인 공격과 창피 주기를 느낄 수 있다.

이 부부의 사례를 더 깊이 조사해보겠다. 수는 약 40파운

드 정도 과체중이었고, 특히 휴가 중에는 더 불안해했다. 그녀는 건강한 식습관을 통해 체중을 감량하려고 노력하는 중이었고, 스튜어트는 이 사실을 알고 있었다. 그는 지난 27년간의 관계를 통해 그녀가 결코 혼자 식사하러 나가지 않는다는 것도 잘 알고 있었다. 그녀의 성격상 그러지 않으리라는 점을 알고 있었지만 그녀의 불안감을 이용해서 상처를 주었다. 남편이 그녀가 혼자 뷔페를 먹는 것에 대해 '무심코', '천진난만하게' 언급했을 때, 그는 말 자체보다 훨씬 더 많은 것을 암시하고 있었다.

내현적 나르시시즘을 경험하지 않은 사람들은 수가 그의 말을 오해하고 있다고 생각할 수도 있다. 단지 질문했을 뿐이라고, 더 나아가 그녀가 지나치게 예민하고 까다롭다고 말할 수도 있다. 이것이 많은 피해자가 자신의 이야기를 털어놓길 두려워하는 이유이다. 즉 가해자의 시나리오가 그리 나쁘게 보이지 않기 때문이다. 예를 들어, 남편이 정원에서 너무 많은 일을 해서 자신이 버림받은 느낌을 받았다고 말하는 여성이 있다. 보통 사람들은 그녀가 취미를 가져야 한다고 생각할 것이다. 그러나 사실 이 여성은 뭔가를 감지하고 있다. 그녀는 오랫동안 남편의 사랑을 받을 자격이 없다는 암묵적 메시지를 받으며 살아온 것이다. 그녀는 남편이 자신과 시간을 보내고 싶지 않다고 '처벌'하는 무수하고 미묘한 방법을 경험해왔다.

아무도 그것을 보지 못하지만 피해자는 절실하게 느끼기

때문에 이를 교활한 학대라고 한다. 이러한 학대는 존재의 모든 면에 영향을 끼친다.

## 양극단의 혼합된 메시지

극단적으로 대조적인 메시지는 내현적 나르시시스트의 삶에서 가장 기괴한 측면 중 하나다.

이전 커플의 또 다른 예로 돌아가 보겠다. 사라의 남편 빌은 결혼생활 15년 동안 사라가 자신의 꿈을 좇아 예술가가 되기를 바란다고 말했다. 그는 자신이 돈을 충분히 벌기 때문에 그녀는 일할 필요가 없다고 단언했다. 사라는 빌처럼 관대하고 조력하는 남편을 갖게 된 것을 엄청난 행운이라고 느꼈다. 그녀는 아이들을 키우고 예술을 추구하면서 결혼생활을 이어갔다. 그러나 버림 단계에서 빌은 사라가 일을 해야 했다고 불평했다. 그는 그녀가 오로지 돈 때문에 자신과 결혼했고, 자신을 전혀 신경 쓰지 않았다고 비난했다.

또 다른 예로, 수년 동안 캘리의 남편은 그녀가 아름답다고 말해주다가, 관계를 끝낼 때는 "당신을 더 강하게 밀어붙여서 살을 빼게 해야 했어. 먹고 싶은 대로 내버려둬서는 안 됐어"라고 말했다.

생일마다 샘은 부산스러움을 원치 않는다며 아무것도 필

요 없다고 말하곤 했다. 파트너인 스콧은 샘을 위해 어떤 경험이 좋을지, 어떤 사려 깊은 선물을 할지 진심으로 고민하며 항상 그의 생일을 특별하게 만들기 위해 노력했다. 한 해 동안 경제적으로 어려움을 겪었기 때문에, 스콧은 창의적으로 선물을 준비했다. 샘의 특별한 날을 계획하며 그들은 매우 감동적인 시간을 보냈다. 그러나 생일이 지나고 샘은 기분이 나빠 보였다. 스콧은 무엇이 잘못되었는지 물었고, 여러 번의 돌고 도는 대화 끝에 샘은 "나는 네가 아이패드를 사줄 거라고 생각했어!"라고 소리쳤다. 스콧은 당황했다. 샘이 아이패드를 갖고 싶다는 말을 한 번도 하지 않았기 때문이다. 게다가 그들 예산을 훨씬 초과하는 선물이기도 했다. 그럼에도 불구하고 스콧은 마치 자신이 큰 잘못을 저지른 것처럼 기분이 불편했다. 그들이 헤어질 때 샘은 스콧에게, 자신은 좀 더 영적인 사람을 원하는데 스콧은 너무 물질주의적이라고 평가했다.

어떤 때 내현적 나르시시스트는 믿을 수 없을 정도로 사랑스럽고 친절한 이메일이나 문자를 보낸다. 그러나 몇 시간 안에 타깃이 얼마나 끔찍한 사람인지 표현한다. 내현적 나르시시스트와의 관계는 이러한 파괴적인 양극단의 메시지로 가득 차 있다.

## 벌주기

내현적 나르시시스트는 당신이 자신의 기대에 부응하지 않을 때 수동-공격적인 방법으로 벌을 준다. 때로는 당신의 말이 들리지 않는 듯 침묵으로 일관하거나, 당신이 연결을 원할 때는 거리를 둔다. 그들은 당신을 밀어내고 관심과 애정을 차단하며, 불편을 끼치거나 당신의 삶을 방해하는 방식으로 행동한다.

내현적 나르시시스트는 자산을 숨기고 경제적 지원을 중단하며, 심지어 당신이 지출하는 아주 적은 금액까지 통제함으로써 돈을 처벌의 도구로 사용한다. 그들은 집을 떠나버리고 모든 일을 당신에게 떠넘긴다. 아이들 돌보기, 이사, 물건 정리, 청구서 처리 등 모든 일을 혼자서 하게 만든다.

내현적 나르시시스트는 집으로 돌아오는 길에 당신이 사오라고 부탁한 것을 일관적으로 '잊는다'. 그들은 부탁을 늘 잊고, 결국 당신이 해결하게 만든다. 이러한 상황 뒤에는 보통 당신을 달래기 위한 거짓 사과가 이어진다.

내현적 나르시시스트는 당신이 아프거나 보살핌이 필요할 때 당신을 돕는 것을 경멸하므로, 그러는 동안 당신을 미묘하게 처벌한다. 레베카의 아버지는 딸이 아플 때 더 거리를 두고, 변덕스럽게 화를 냈다. 그녀는 자신이 아파서 아빠가 기분이 나쁜 것이라고 생각했다. 아빠는 딸을 위해 무엇이든 다 해줄 것처럼 행동하면서도, 정작 딸에게는 한마디도 하지 않고 그녀가 큰 짐이라는 메시지를 은연중에 전달했다.

수잔이 수술을 받았을 때 남편 해리가 그녀를 병원에서 집으로 데려왔다. 그녀가 여전히 마취에서 덜 깬 상태였을 때, 그는 침대 옆에 앉아 수잔의 '나쁜 행동'에 항의하기 시작했다. 그녀가 병원에서 깨어났을 때 자신이 도와준 일에 대해 별로 고마워하지 않는 것 같다고 말했다. 그는 더 많은 감사의 표현이 필요하다고 했다. 해리가 자신의 상처받은 감정을 이야기하는 동안 수잔은 통증과 스트레스로 인해 그의 말에 거의 집중할 수 없었다. 대답할 힘도 없었다. 그는 수잔이 회복하는 동안 곁에 있어주지 않았다. 결국 수잔은 혼자서 회복하고 심지어 아이들도 돌봐야 했다.

내현적 나르시시스트는 자기 기분으로 상대를 벌하기도 한다. 예를 들어, 당신이 좋아하는 콘서트를 가려고 돈을 모아 내현적 나르시시스트와 함께 가지만, 그는 내내 짜증을 내며 당신이 콘서트를 즐기지 못하게 한다.

또 내현적 나르시시스트는 무관심으로 벌하기도 한다. 데이트를 위해 옷을 잘 차려입어도 칭찬하지 않고, 당신의 감정을 무시하며, 다른 사람이 당신을 심하게 대해도 방어하지 않는다. 그들은 당신의 평판을 떨어뜨리고, 자녀가 당신에게 등을 돌리게 하며, 교묘하게 깎아내리고, 당신의 불안감과 솔직하게 털어놓은 개인적인 사안을 약점으로 삼는다. 수년간 이러한 대우를 받으면 당신의 영혼과 내면의 생명력이 천천히 무너진다. 참된 사랑의 관계가 어떤 모습인지 잊게 되고, 비참하게도 당신은 더 나은 관계를 누릴 자격이 없다고 생각하기 시작한다.

## 피해자 경험을 최소화하기

내현적 나르시시스트는 당신의 고통스러운 경험을 최소화하며, 이로 인해 당신은 자신의 감정과 현실을 의심하고 질문하게 된다. 심리학자인 조지 K. 사이먼 박사는 《양의 탈을 쓰다》에서 이러한 형태의 조작을 다음과 같이 설명했다.

"이 전술은 합리화와 결합된 독특한 종류의 부인이다. 이 방법을 사용할 때 공격자는 자신의 행동이 실제로는 다른 사람들이 주장하는 것만큼 해롭거나 무책임하지 않다고 주장한다."

많은 피해자는 전남편, 부모, 직장 동료가 내현적 나르시시스트라고 생각하는 것이 너무 과장된 것은 아닌지 의구심을 갖는다. 내가 이야기를 나눈 많은 여성들은 비난받아야 할 사람이 자신이 아닌지, 내현적 나르시시스트가 떠나고 나면 후회하지 않을지 고민했다. 또한 자신이 나르시시스트인지에 대해서도 의문을 가졌다. 내현적 나르시시스트는 당신이 지나치게 예민하며 책임을 남에게 돌린다고 몰아세우며, 당신 스스로에 대한 의구심을 이용한다.

기억해야 할 점은 당신은 자신을 신뢰할 수 있다는 것이다. 당신의 아픔은 진짜다. 이 인식을 자연스럽게 받아들여야한다. 뭔가 찜찜한 기분이라면 진짜로 찜찜한 일이 일어났기 때문이다.

**6**

# 부모가
# 내현적 나르시시스트일 때

"나 같은 엄마/아빠를 만난 게 얼마나 행운인 줄 알아?" 외부에서 보면 당신 부모님은 완벽해 보인다. 그들은 친절하고 다가가기 쉽고, 자신이 얼마나 자녀를 잘 돌보는지 주변에 이야기한다. 그들은 대개 이웃에게 감사 편지를 쓰고, 위로 카드를 보내고, 오븐 요리를 가져다준다. 그들은 학교에서 자원봉사도 한다. 아빠는 아들이나 딸의 축구팀을 코치하기도 한다. 대화가 잘 통하고 누구에게나 사랑받는 사람이다. 대외적으로 자녀에게 친절하고 인내심을 갖고 있다. 멋모르는 사람들은 자기 배우자가 그처럼 훌륭했으면 좋겠다고 생각한다.

내현적 나르시시스트 부모를 가진 자녀는 대부분 30대 무렵이 되어서야 부모 중 한 명이 내현적 나르시시스트라는 사실을 자각한다. 인터뷰 결과, 그 정도 나이가 깨어남을 위한 일반적인 시기라는 것을 알 수 있었다. 이는 고통스러운 경험이면서도 현실을 인정하고 성장하는 경험이기도 하다.

내현적 나르시시스트 부모의 자녀는 어린 시절부터 "나 같은 엄마/아빠가 있다는 게 얼마나 행운인 줄 아냐"라는 말을 자주 듣는다. 100퍼센트는 아닐지라도 매우 일반적이다. 이러한 말은 부모에 대한 자녀의 감정을 무력화시킨다. 엄마와 아빠 간의 다소 차이점이 있지만, 나는 그들의 특성이 동일하고 자녀가 느끼는 감정도 비슷함을 발견했다. 그들은 자녀를 공급원으로 사용하는 상상할 수 없을 정도로 이기적인 사람들이다.

내현적 나르시시스트 부모는 자녀의 삶을 지나치게 얽매거나 거의 방임한다. 자녀의 삶에 부재하거나 관여하지 않는 부모는 대화 주제가 자신의 관심사일 때만 자녀와 대화를 나눈다. 그 순간 자녀는 사랑받고 있다고 느끼지만 그 감정은 오래가지 않는다. 내현적 나르시시스트는 자녀가 필요한 사항에는 관여하지 않는다. 그들은 자녀를 깊이 알지 못하고, 자녀에게 필요한 것이 무엇인지도 모른다. 표면적으로는 알아도 더 깊은 수준에서 자녀를 실제로 알고자 시간을 들이지 않는다. 대부분의 나르시시스트 부모는 자녀의 본모습과는 다르게 그들을 분류한다. 모든 나르시시스트와 마찬가지로, 자신의 문제를 자녀에게 투사하여 자신이 갖고 있는 조종, 통제, 이기심 등의 특성이 자녀에게 있다고 주장한다.

어떤 내현적 나르시시스트 부모는 어린 자녀가 스스로 생각할 수 있는 나이가 될 때까지 잘 돌본다. 바로 그때 내현적 나르시시스트 부모는 멀어지기 시작한다. 자녀가 더 이상 부모를 대단한 사람으로 보지 않기 때문에 부모는 아이들에게 짜증이 나고 좌절을 느낀다. 자녀가 더 어리고 "아빠", "엄마"를 신나게 부르며 달려오던 때처럼 존경과 관심을 받지 못하기 때문이다. 부모가 과도하게 개입하든, 전혀 개입하지 않든 그 영향은 동일하다. 어느 쪽도 자녀의 자아 성장에 도움이 되지 않는다. 아이는 외롭고 인정받지 못한다는 느낌을 받는다.

모든 내현적 나르시시스트는 본질적으로 이기적이며, 부모로서도 그렇다. 그들은 자녀의 관심과 칭찬을 원한다. 어떤 내현적 나르시시스트 부모는 자신을 가장 편애하는 '금지옥엽'에게 더 많은 시간과 사랑을 쏟고, '자신의 세계에 들어오길' 원치 않는 자식에게는 화를 낸다. 그들을 침묵으로 대하고 거리를 둠으로써 벌을 준다. 내현적 나르시시스트 부모는 자신의 말을 잘 듣는 자식에게 더 친절한데, 대체로 그런 자식은 갈등을 원하지 않는 민감하고 공감 능력이 있는 아이들이다. 반면 그렇지 않은 다른 아이를 통제적이고, 이기적이며, 조작적이라고 낙인찍는다. 내현적 나르시시스트 부모는 면전에서는 아무 말도 하지 않지만, 아이들은 부모의 판단과 그들에게서 풍기는 혐오를 느긴다.

'금지옥엽' 자식은 아낌없는 베풂과 더 친절한 대우를 받는다. 이것이 아이에게 좋은 일처럼 보이지만, 실은 부모의 사랑과 관심을 유지하기 위해 더욱 완벽해지도록 노력하게 만든다. 그들은 형제자매가 다르게 대우받는 것을 지켜보며, 자연스럽게 부모에게 사랑받기 위해 어떻게 행동해야 하는지를 일찍부터 터득한다. 이는 모든 일이 완벽해야만 한다는 압박으로 가득 찬 삶을 살도록 만든다. 그런 방식이 타인으로부터 사랑과 관심을 받고 그것을 유지하는 방법이라고 주입된다. 또한 그들은 조건 없는 사랑을 기대할 수 없기 때문에 일관되고 순수한 사랑으로 자신을 대하지 않는 파트너를 선택하는 경우가 많다. 그들은 결코 충분하다는 느낌을 갖지 못하고, 근본적인 절망과 불행을 오랫동안 안고 살아간다.

내가 인터뷰한 모든 이들은 내현적 나르시시스트와 함께 살면서 틀림없이 영향을 받았다. 내현적 나르시시스트와 20년 이상 결혼생활을 한 사람들이 자신의 이야기를 하면서 몸을 떠는 모습을 보았다. 그들의 입술이 떨렸고, 전쟁에서 돌아온 사람처럼 몸을 떨었다. 그들은 충격 속에 있었고, 정신적 외상을 겪으며 상황을 이해하려고 발버둥 치고 있었다.

그러나 내현적 나르시시스트 부모의 성인 자녀와 이야기를 나눴을 때는 조금 달랐다. 그들에게는 조용하고 낮은 수준의 슬픔이 느껴졌다. 이들은 오랫동안 은밀한 학대를 겪어 생명력을 빼앗긴 것처럼 억압되고 마음이 닫혀 있었다. 그들은 피곤하고 정서적으로 지쳐 있었다. 그들은 자신을 사랑해야 할 사람들로 인해 미묘하게 트라우마를 겪었고, 동시에 친구들로부터 "너희 부모님은 참 대단하시다", "그런 부모님이 있어서 넌 참 행운이다!"라는 말을 들어온, 매우 강하고 똑똑한 사람들이었다.

한 여성은 친구들이 집에 오면 엄마가 간식도 내어주며 친절하게 대해서, 친구들이 자신이 근사한 삶을 살고 있다고 생각하게 만드는 것이 싫었다고 했다. 그녀의 내면은 죽어가고 있었지만 아무도 그것을 볼 수 없었다. 예를 들어, 게일은 엄마와 함께 외출하는 것을 좋아하지 않았다. 엄마가 다른 사람들에게 발산하는 도취적인 매력을 지켜보며 질투를 느꼈기 때문이다. 자신도 그런 관심을 받고 싶었다. 집에서는 엄마의 감정에 맞추려고 눈치를 봤다. 그렇게 해야만 평화가 유지되었기 때문이다. 엄마는 자신이 다른 부모에 비해 얼마나 훌륭한지 자주 말했다. 어렸을 때 게일은 엄마가 많은 사람에게 선물이자 보물이라는 사실을 믿었다. 그녀는 여러 면에서 엄마가 완벽해 보였고, 엄마는 지역사회의 기둥이자 교회의 자원봉사자였다. 게일은 엄마가 사실 내현적 나르시시스트라는 것을 30대 중반이 되어서야 깨달았다.

크리스티에게도 주변에서 보기에는 훌륭한 엄마가 있었

145

다. 엄마는 크리스마스 때마다 집을 화려하게 장식했지만, 이는 언제나 친구와 이웃들에게 깊은 인상을 주기 위해서였다. 크리스티가 자라면서 엄마는 장식을 중단하고 자신은 크리스마스가 싫다고 토로했다. 결국 크리스티 혼자 장식을 했고, 크리스마스를 좋아한다고 엄마에게 무안을 당했다. 그녀의 생일에는 아무런 일도 없거나, 반대로 다른 사람들에게 깊은 인상을 주기 위해 성대하고 화려한 파티를 열었는데, 엄마는 항상 자기 자신을 중심으로 파티를 만들었다. 대학 졸업식이 끝난 후 크리스티가 집에 돌아오니 크고 아름답게 포장된 상자가 그녀를 기다리고 있었다. 신이 나서 열었는데 연두색 수건과 흰색 플라스틱 옷걸이 세트가 들어 있었다. 크리스티는 침울했다. 자라면서 받은 실망스러운 선물들로 엄마가 자신에게 관심이 없다는 것을 매번 깨달았지만, 이번만은 다르리라는 희망이 있었다. 엄마가 정말로 그녀를 신경 쓰고, 중요한 날에는 특별한 뭔가를 준다는 징표를 기대했던 것이다. 크리스티는 그 상자에서 뭔가 멋진 것, 의미 있는 것을 찾기를 바랐지만, 동시에 자신의 배은망덕한 행동에 죄송한 마음이 들기도 했다. 그래서 그녀는 웃으며 "엄마, 고마워요"라고 말했다.

내현적 나르시시스트와 함께 살면 실망을 자주 느끼게 되며, 그 뒤에는 감사하지 못했다는 부끄러움이 따라오는 경우가 많다. 당신이 믿은 사람 역시 당신을 사랑하고, 다른 그 누구보다 결국엔 당신을 더 잘 알아줄 거라는 희망도 있다.

크리스티는 평생 낮은 수준의 슬픔을 안고 살아온 것 같다고 말했다. 나도 그녀에게서 슬픔을 느낄 수 있었고, 마음이 아팠다. 그녀는 친절하고, 사려 깊고, 현실적이며, 정직하고, 똑똑하고, 부드러운 사람이다. 그녀는 훨씬 더 나은 대접을 받아야 했다. 내현적 나르시시스트 엄마를 둔 많은 성인 딸이 그들의 성장 과정에서 겪은 혼란, 잔인함, 조종에 대한 이야기를 그 속에 섞인 사랑스러운 말과 함께 들려주었다. 그들 대다수는 성인이 될 때까지 엄마를 가장 친한 친구로 여겼다.

앨리의 엄마는 딸을 끊임없이 칭찬하며 앨리의 삶에 깊이 개입했다. 그녀는 앨리가 학교에서 두드러진 성과를 내도록 많은 프로젝트를 세웠고, 앨리에게 필요한 책과 학용품을 모두 사주었다. 엄마가 자주 스트레스를 받았기 때문에 앨리는 엄마를 돕기 위해 집 청소와 이런저런 집안일을 도맡았다. 엄마의 불안은 점점 커졌고, 앨리는 엄마의 불안이 자기 탓이라고 느꼈다. 앨리는 자신이 없었다면 엄마가 더 행복했을 것이라고 생각했다. 내현적 나르시시스트 엄마는 자주 순교자처럼 행동했다. 예를 들어, 저녁 식사 준비와 같은 일상적인 일도 큰일로 만들어 앨리가 죄책감을 갖도록 했다. 자녀에게 많은 자책과 수치를 느끼게 만드는 것은, 보이지 않지만 강력하고 근본적인 조종이다. 자녀는 자주 자책하고, 부모의 감정이 자신의 잘못이라고 느끼게 된다.

내현적 나르시시스트 부모는 자녀와 거의 교류하지 않으면서도, 다른 사람들에게는 자녀의 상황에 대해 현실과 동떨어진 찬란한 보고서를 떠벌린다. 예를 들어, "토미는 잘 지내고 있지!"라고 말하지만 실제로 토미는 우울증을 앓고 있어 학교에 계속 결석하는 상황이다.

내현적 나르시시스트 아빠를 둔 자녀는 그와 대화할 때 아빠가 자신의 말을 경청하는 것처럼 행동하지만, 실제로는 마음이 딴 곳에 있는 것 같다고 표현한다. 자녀들이 한 말은 그의 마음과 정신을 통과해 이해되기보다 튕겨 나가는 것처럼 보인다. 그는 걱정하는 척하지만 실제로는 그렇지 않다. 나르시시스트 부모와의 대화는 정상적인 주고받음이 아닌 연기이고, 거의 대본에 따른 것 같은 느낌을 준다. 내현적 나르시시스트 부모와 깊고 진정한 관계를 맺는 것은 불가능하다.

내현적 나르시시스트 부모가 자녀에게 인생 조언을 할 때, 자녀는 자신의 결정과 판단에 의문을 갖게 된다. 나르시시스트 부모는 자녀가 스스로 자신의 생활을 감당할 능력이 없다고 믿게 만들어, 건강하지 않은 상태로 의존하게 만든다. 어떤 여성은 아들이 내현적 나르시시스트 아빠를 만나고 돌아올 때마다 자신에게 더 실망하고, 삶에 겁을 먹으며, 자신이 게으르다는 표현을 더 많이 하는 것을 알아차렸다. 아들은 아빠를 만난 것과 그런 생각이 드는 것의 상관성을 전혀 눈치채지 못했다. 조종이 매우 미묘하기 때문이다. 아빠가 자신에게 게으르다거나 능력이 없다고 직접 말한 적은 한 번도 없지만, 아빠와 함께 지내면 왠지 그런 기분이 들었다. 아빠의 인생 조언은 그를 압도하고 두렵게 만들었으며, 자신이 혼자서 살아가는 데 필요한 능력이 없다고 믿게 만들었다.

론다의 엄마는 다른 전략을 구사했는데, 론다를 과보호했다. 그녀에게는 엄격한 규칙이 있었고, 엄마는 세상에 있는 모든 종류의 사악한 사람들에 대해 이야기하며 론다가 바짝 정신을 차려야 한다고 말했다. 엄마는 딸을 옆에 가까이 두었고, 이로 인해 딸은 엄마에게 의존성을 갖게 되었을 뿐만 아니라 집밖의 모든 것에 큰 두려움을 가지게 되었다. 론다는 현재 40대지만 여전히 자신의 의사 결정 능력을 신뢰하는 데 어려움을 겪고 있다. 그녀의 엄마는 여전히 그녀를 얕보며 딸이 내리는 선택에 자신이 얼마나 "걱정하는지" 말한다.

"이거 생각해봤어, 론다? 네가 다칠까 봐 진짜 걱정된다.", "난 네가 정확히 뭘 하고 있는지 너 자신도 모른다고 확신해.", "내가 네 머리 스타일을 좀 만져줘도 될까? 머리가 길면 훨씬 더 좋을 거야." 론다는 엄마가 자신에게 "똥 묻힌 칭찬"을 한다고 표현했다.

내현적 나르시시스트 부모의 자녀들에게서 공통적으로 보이는 주제는 그들이 자신을 신뢰하기 어려워한다는 점이다. 그들은 자신의 능력을 의심한다. 나르시시스트 부모는 자녀에게 조언할 때, 자녀가 스스로에게 끔찍한 기분을 느끼게 만들면서도 마치 관심을 쏟으며 염려하는 것처럼 행동한다. 자녀는 억압당하고, 낙담하고, 스트레스를 받고, 혼란스러워한다. 내현적 나르시시스트 부모 아래에서 자란 아이들은 명확하게 생각하거나 어떠한 힘을 느끼기 어려워한다.

어텀은 내현적 나르시시스트 엄마를 둔 다른 딸들을 만났을 때 이상한 점을 발견했다. 놀랍게도 모두가 엄마와의 어떤 기괴한 기억을 가지고 있었다. 어텀은 엄마가 집에서 가끔 부르던 노래를 떠올렸다. 그 노래는 뮤지컬 〈애니여 총을 잡아라 Annie Get Your Gun〉의 곡으로, "네가 할 수 있는 모든 일을 내가 더 잘할 수 있어. 너보다 더 잘할 수 있어"라는 가사였다. 그녀는 이 이야기를 지원 그룹의 다른 여성들과 공유했는데, 그들 엄마도 모두 같은 노래를 부르며 집 안을 돌아다녔던 것이다.

어떤 내현적 나르시시스트 부모는 자식을 질투한다. 그들은 정신적으로 미성숙하고, 지나치게 자기중심적이다. 자식이 선택한 프로젝트를 응원하는 척하지만, 막상 자식이 성공을 거두면 의심의 씨앗을 심어놓는다. 이런 행동은 명확하게 드러나지 않지만, 자식은 낙담하고 자신에 대한 불신을 품게 된다.

내현적 나르시시스트 부모는 관심을 가진 것처럼 행동하지만, 진실하고 자비로운 공감 능력은 없다. 그들에게는 무조건적이고 이타적인 사랑이 없다.

나는 여러 여성과 남성에게 그동안 성장하면서 내현적 나르시시스트 엄마나 아빠와 함께 있을 때 느낌이 어떠했는지 물었다. 그들이 말한 내용은 다음과 같다.

- "스트레스를 받았어요."
- "엄청 불안했어요."
- "엄마의 기분 변화에 예민했어요."
- "엄마 기분을 파악하기 위해 기다리면서 불안함과 초조함이 나를 짓눌렀어요."
- "나 자신을 의심했어요."
- "항상 아빠 생각만을 고려해야 했어요. 그렇지 않으면 대가를 치러야 했으니까요."
- "엄마를 나쁘게 생각하면 안 된다는 느낌이 들었어요."
- "돈은 항상 스트레스받는 주제였어요."
- "학교 성적을 잘 받으면 자기가 옆에서 공부를 도와준 덕분이라고 말했어요."
- "종종 두통이 심하고 목이 뻐근했어요."
- "아빠가 왜 화를 내는지 모르니까 눈치를 봐야 했어요."

- "내가 아빠를 이길 수 없고 아빠에게 온전한 인정을 받을 수 있는 방법이 없다고 느꼈어요."
- "우울했어요."
- "내가 장식품처럼 느껴졌어요."
- "스스로 충분히 좋다고 느껴본 적이 없어요."
- "모든 것이 늘 내 잘못인 것 같았어요."
- "당황스러웠어요."
- "나는 내가 진심으로 생각한 것을 소리 내서 말하는 것이 두려웠어요."
- "끊임없이 평가받는 느낌을 받았어요."
- "엄마 없이는 인생에서 성공할 수 없을 것 같은 기분이 들었어요."
- "구속받는, 질식할 것 같은 느낌을 받았어요."
- "자아 정체성에 대한 갈망을 느꼈어요."
- "아빠는 자기 기분으로 나를 통제했어요."
- "엄마가 화를 낼 때 깊은 죄책감을 느꼈어요. 마치 제 잘못인 것처럼요."
- "엄마의 감정 상태가 전적으로 내 책임인 것 같았어요."
- "엄마의 기분을 나아지게 만들어야 한다는 의무가 있다고 생각했어요."
- "작고 약하다고 느꼈어요."

- "독립적인 사람이 되지 못할 것 같은 느낌이 들었어요."
- "아빠의 해결되지 않은 짐이 전부 내 것이 되었어요."
- "엄마는 내가 외출하거나 친구를 사귀는 걸 바라지 않았어요."
- "부모님은 저를 그들에게 의존하도록 키웠어요."
- "내 엄마가 되어줬다는 사실에 빚진 기분이 들었어요."
- "작은 일 하나하나 엄마에게 깊은 감사를 표해야 한다고 생각했어요."
- "무시당하는 기분이 들었어요."
- "행복하고 즐거운 시간도 있었지만 엄마 기분이 언제라도 바뀔 수 있다는 걸 알기에 마음이 편한 적이 없었어요."
- "아빠는 나를 변호해주거나 옹호한 적이 결코 없어요."
- "아빠에 비해 제가 아는 게 전혀 없는 것 같았어요."
- "나 자신의 의사 결정을 믿지 못하게 돼버렸어요."
- "아빠는 나라는 사람에 대해 피상적으로 알 뿐 전혀 알지 못했어요."
- "엄마의 어린 시절이 불우했기 때문에 엄마에게 늘 고마워해야 한다고 느꼈어요. 내 슬픔에 빠져 있으면 안 될 것 같았어요."
- "내가 아무리 착하고 친절해도 이길 수 없을 것 같은 느낌이었어요."

- "내 어린 시절은 뭐랄까, 마치 영혼을 강간당한 것 같다고
나 할까요."

대조를 확인하기 위해 이번에는 그들 주변 사람들이 내
현적 나르시시스트 부모를 어떻게 생각하는지 물어보았다. 그
결과 다음과 같은 답변을 들을 수 있었다.

- "참 착해요."
- "사람들을 이해하고 배려해요."
- "카리스마가 넘쳐요."
- "이웃을 잘 도와줘요."
- "진짜 친절해요."
- "인내심이 대단해요."
- "다른 사람 말을 잘 들어주는 사람이에요."
- "정말 사랑스러워요."
- "훌륭한 엄마이자 아내이지요."
- "무척 여유로워 보이고 함께 어울리기 편해요."

나는 또한 내현적 나르시시스트 부모로부터 직접적이든,
혹은 간접적이든 표정, 행동, 교활한 말로 어떤 메시지를 받았
는지 물었다. 다음은 그중 일부이다.

- "너는 내 보살핌을 받을 자격이 없어."

- "너는 뚱뚱해."

- "너는 게을러."

- "너는 엉성해."

- "너는 나만큼 괜찮지 않아."

- "너는 나만큼 똑똑하지 않아."

- "너는 내 인생을 망쳤어, 속죄해야 해."

- "네가 내 행복에 책임이 있어."

- "너는 아름답고, 똑똑하고, 게을러."

- "너는 멋진 것을 다 가졌지만 그걸 쓰질 않는구나."

- "너는 너 자신을 믿지 못해."

- "너는 결코 나만큼 완벽하지 않아."

- "나는 너보다 더 많이 알고 있고, 앞으로도 그럴 거야."

- "너 혼자서는 아무것도 할 수 없어."

- "네가 친절할 때만 다른 사람들이 널 원해. 아무도 널 원하지 않을 거야."

- "너는 약해."

- "너는 너무 예민해."

- "너는 마음이 너무 여려."

- "너 짜증 나."

- "너 예뻐."

- "너는 뭐든 할 수 있어."
- "네가 아무리 완벽해도 결코 충분하지 않아."

한 여성에게 내현적 나르시시스트 엄마로부터 어떤 메시지를 받았는지 물었을 때, 그녀는 이렇게 답했다. "너는 굉장히 예쁘고, 다른 아이들보다 낫고, 형편없어." 이는 자기 정체성과 주변 세계에 대한 관점을 형성하는 과정에서, 간헐적인 칭찬과 파괴적인 메시지가 혼합된 내현적 나르시시스트 부모 밑에서의 성장을 잘 보여주는 예시이다. 사랑을 담은 것처럼 보이는 말과 행동은 직설적이든 미묘하든, 모욕적이고 비하하는 메시지와 대조를 이룬다.

내현적 나르시시스트 부모는 자녀를 조종하여 자녀가 모든 문제의 원인이 상대 배우자에게 있다고 믿게 만든다. 자녀가 주변 사람들을 신뢰하지 못하게 하고, 자신을 피해자로 보도록 판을 짠다.

최근에 한 부녀와 이야기를 나눴다. 내현적 나르시시스트 엄마 때문에 수년 동안 아빠를 무능하게 여겼던 딸이 아빠와 이제 서로를 이해하게 되었다는 것이다. 이는 아름다운 유대였다. 그녀는 아빠에 대한 왜곡된 시각을 지닌 채 자랐지만, 성인이 된 그녀는 진실을 보기 시작했다.

자녀는 내현적 나르시시스트 부모의 부재와 건강하지 않

은 행동을 봐주는 데 익숙하다. 내현적 나르시시스트는 자녀가 자신의 거짓말과 조종 전술을 믿도록 교묘하게 말을 한다. 자녀는 건강한 부모의 모습이나 느낌을 경험한 기회가 적고, 내현적 나르시시스트 부모의 행동이 그들이 아는 전부이기 때문에 나르시시스트 부모의 행동을 정상이라고 생각한다.

내현적 나르시시스트 부모는 거짓말을 하고 조종한다. 그들은 공감 능력이 부족하고 강한 자아감이 없다. 그들은 이기적이며, 자녀보다 다른 일들을 우선시하지만 이를 합당한 구실로 포장한다. 그들의 말과 행동은 일치하지 않는다. 피해자처럼 행동하고 자신이 원인인 일조차 상대 배우자나 자녀에게 떠넘겨 비난한다. 문제를 만들면서도 자신이 원인이 아닌 것처럼 행동한다. 그들은 공격적이며, 자녀를 깎아내리고, 자신에게 필요한 관심을 기울이지 않으면 자녀를 버리기도 한다. 그러나 겉으로는 이상적인 모습으로 비치곤 한다. 내현적 나르시시스트 부모 밑에서 자란 성인은 깊은 상처를 입고 자신의 진정한 가치를 발견하기 어려워한다.

내현적 나르시시스트 부모를 겪은 모든 이에게 세상에서 가장 커다랗고 따뜻한 포옹을 보낸다. 당신은 아름답고 사랑받을 가치가 있는 소중한 존재다. 당신은 자신과 인생에 대해 진실이 아닌 메시지를 받아왔다. 당신은 그보다 훨씬 더 나은 대접을 받을 자격이 있다. 이 장과 이 책이 당신이 경험했고 여전히 경험하고 있는 것들을 확증하는 데 도움이 되길 바란다. 진심으로 당신을 사랑하는 사람들에게 둘러싸여 삶을 누리며 치유되기를 바란다.

# 7

# 직장에서

내현적 나르시시스트는 경제적으로 성공한 사람인 경향이 있다. 이들은 다른 사람들에게 잘 보이고 싶어 하고, 이것이 그들에게 매우 중요한 이미지의 일부이다. 이러한 이유로 그들이 종종 조직의 리더십 위치에 있는 경우가 많다.

당신이 이런 사람들과 함께 일하기 시작하면 그들은 꿈의 상사, 동료, 파트너처럼 보일 것이다. 그들과 함께 일할 수 있어서 행운이라고 생각하게 된다. 그들은 당신을 칭찬하고 당신이 소중하고 필요한 사람이라고 느끼게 만든다. 그들은 카리스마 넘치고, 모두가 좋아하는 상사 또는 직원으로 묘사된다.

내현적 나르시시스트 상사는 처음에는 같이 일하기 수월해 보인다. 많은 피해자는 과거에 어려운 고용주를 경험한 후 이

159

런 상사를 만나게 되어 안도한다. 나르시시스트는 주변 사람들을 따라 하는 카멜레온처럼 행동하기 때문에, 타깃은 인정받고 이해받는 것처럼 느낀다. 그들은 매력적이지만 가식적이거나 불쾌하지 않은 방식으로 사람들의 신뢰를 재빨리 얻는다. 느긋하고, 똑똑하고, 자만하지 않으며, 사랑스럽다는 표현이 그 유형의 사람들을 묘사하는 데 자주 사용된다.

연애 관계와 마찬가지로 내현적 나르시시스트 상사는 당신을 세 단계로 이끈다. 처음에는 애정 공세를 펼친다. 이 단계는 편안하고, 신나고, 재미있다. 그들은 회사에서 당신의 미래, 경제적 성공, 당신이 간절히 원했던 프로젝트 참여와 같은 거창한 약속을 한다. 당신은 친구와 가족에게 새로운 상사의 멋진 점을 눈을 반짝이며 이야기한다. 이런 기회를 얻게 되어 행운이라고 느낀다. 때로는 그 상사가 신뢰하는 친구가 되기도 한다.

수년간 상사와 파트너로 일한 톰의 이야기다. 그들은 신뢰가 쌓여 가족끼리 주말마다 함께 호숫가에서 바비큐를 즐겼고, 자녀들도 친구가 되었다. 사무실의 모든 사람이 상사를 좋아했기 때문에, 점차 자신을 향한 상사의 미묘한 평가절하가 시작되었을 때 다른 사람들에게 자신의 느낌을 이야기하기 주저했다. 그는 상황을 명확히 보기 위해 몇 차례 불편한 감정을 표했지만, 동료들은 "무슨 소리를 하는 거야? 역대 최고의 상사를 만났으면서!"라고 반응했다. 톰은 속마음을 털어놓을 사람이 없다는 메시지를 받았고, 자신의 직관을 의심했다.

샐리도 비슷한 경험을 했다. 애정 공세 단계가 끝나고 직장에 위기가 닥치자 상사가 밤늦게 전화를 하는 등 작은 사건들이 생기기 시작했다. 샐리는 명령에 따라야 한다고 생각했다. 상사의 이러한 행동은 선을 넘는 것이었고, 그녀를 존중하지 않음을 보여주는 행동이었다. 샐리는 상사와 우정을 쌓았고 그를 신뢰하며, 그 또한 자신을 배려한다고 믿었기에 닥쳐오는 일들을 순조롭게 진행하려 했다.

얼마 후, 상사는 샐리에게 '우려'를 표하기 시작했다. 그는 샐리가 편찮으신 부모님 때문에 스트레스를 받고, 최근에 기억력이 나빠진 것 같아 괜찮은지 확인하고 싶다고 말했다. 가끔 그녀의 기억력을 놀리곤 했지만 마치 농담처럼 흘렸다. 사실 그는 샐리를 폄하하고 그녀의 괴로움을 아무것도 아닌 것처럼 최소화하고 있었다.

존도 상사로부터 비슷한 가스라이팅을 경험했다. 상사의 행동은 극단적이었는데, 그는 파일을 삭제하고, 존이 자신의 기억을 의심하게 만들려고 미팅 고지를 하지 않는 등 고의로 일을 저질렀다. 존은 그곳에서 일하면서 건강이 나빠지기 시작했지만 단지 장시간 업무로 인한 스트레스라고만 생각했다. 상사의 지속적인 가스라이팅으로 인해 존은 실제로 뇌에 문제가 있는지 확인하기 위해 신경과 전문의를 찾기도 했다. 그는 자신의 기억력이 급속히 나빠지고 있다고 확신했고, 아직 30대 중반이었지만 치매가 조기 발병한 것은 아닌지 의심했다.

이러한 예들을 통해 내현적 나르시시스트 상사와 함께 일하면 어떻게 에너지가 고갈되고 건강에 해로운 영향을 미치는지 알 수 있었다.

내현적 나르시시스트 상사의 또 다른 일반적인 특성은 당신의 작업과 아이디어를 슬쩍슬쩍 가져가는 것이다. 그 방식이 몹시 교활하고 은밀해서, 당신이 이를 언급하면 도리어 쩨쩨한 사람처럼 보이게 된다. 대부분의 사람은 직장을 잃는 것이 두려워 조용히 지내는 법을 터득한다.

내현적 나르시시스트는 다양한 전술을 통해 자신의 행동이 마치 아무런 문제가 없는 것처럼 보이게 만든다. 그중 하나가 상대방의 감정과 고통을 최소화하여 상처 주는 행위를 덜 심각하게 보이도록 하는 것이다. 상대방이 그들의 나쁜 행동에 타당한 반응을 보이면, 그들은 순진한 척하거나 농담이었다고 말하며 정상적인 반응에 수치심을 갖도록 만든다. 그들은 다른 사람들 앞에서 당신의 평판을 떨어뜨리기 위해 교묘하게 상황을 조작하기도 한다. 에이미는 상사로부터 불쾌한 책을 포함한 이상한 선물을 받았다. 그녀가 격렬하게 반응하자 상사는 "정말 미안해, 그렇게 기분 상할 줄은 몰랐네. 인기 있는 책이라고 들었거든"이라며 천진난만하게 굴었다. 다른 동료들은 에이미가 지나치게 예민하다고 생각했다. 또 에이미의 상사는 그녀가 참석해야 하는 회의를 회의 시작 바로 전에 알려주어 참석하지 못하도록 방해했다. 그녀는 고군분투하고 실적은 저조해졌다. 상사는 그녀를 돕지 않고, 대신에 더 많은 일을 주었다. 에이미는 상사를 실망시키고 있다는 느낌이 들기 시작했고 자신감도 떨어졌다. 그녀는 자신이 문제라 믿었고, 상사는 그녀가 그렇게 믿도록 내버려두었다. 에이미는 이러한 경험과 느낌에 크게 영향을 받으면서 점점 사람들로부터 자신을 고립시키기 시작했다. 직장에 가지 않을 때는 집에만 머물렀고 친구들과도 연락을 끊었다. 결국 그녀는 자신을 무가치하고 사랑받지 못하며, 쓸모없는 사람이라고 느끼기 시작했다.

내현적 나르시시스트와 함께 있으면 발생하는 것이 인지 부조화이다. 당신은 상사나 친구에게 상반된 믿음을 가지게 된다. 그들은 여전히 당신이 처음에 '좋아한' 사람처럼 보이지만, 동시에 끔찍한 기분이 들게 만든다. 이런 상황을 받아들이고 화해하는 것은 몸과 마음, 정신을 극도로 혼란에 빠뜨린다. 내현적 나르시시스트와 함께 일하면 지치고, 압도당하며, 불안을 느끼게 된다.

그들은 당신의 평판을 망치는 방법으로도 계속 조종한다. 샐리의 상사는 다른 동료들에게 샐리에 대해 이야기하며, 그녀에게 혹시 정신 질환이 있는지 물었다. 그는 다른 동료들에게 자신이 샐리를 얼마나 '걱정'하는지 말하곤 했다.

　대부분의 타깃은 자기 성찰적인 사람들이기 때문에 자신에게 잘못이 있을 수 있다고 생각한다. 자신을 '배려'하고 여러 가지 방법으로 잘 대해주는 사람이 실은 자신을 방해하고 통제한다는 사실을 깨닫기는 세상에서 가장 어렵고 낯선 일이다. 이는 믿음직하고, 정직하며, 자기 성찰적인 사람의 마음에는 없는 사고방식이기 때문이다. 내현적 나르시시스트 상사와 동료는 당신의 자존감과 직관, 그리고 지적 능력에 큰 타격을 준다.

　내현적 나르시시스트와의 관계에서는 많은 양극단의 혼합적인 메시지와 간헐적 강화가 존재한다. 그들은 거창한 몸짓을 하기도 한다. 예를 들어, 다른 사람들 앞에서 당신을 과장되게 변호한다. 당신을 무시하고 폄하하면서도 가끔은 보살펴준다. 이러한 행동들 때문에 나르시시스트에 대한 부정적인 생각에 또 의문을 품는다. 결국 자신에게 뭔가 문제가 있다고 생각하게 된다.

　'왜 나는 긴장을 풀 수 없을까? 다른 사람들이 그런 것처럼 왜 그와 즐거워하고 감사할 수 없을까?'

　내현적 나르시시스트 상사의 영향을 받는 사람은 피해자뿐만이 아니다. 어린 두 아이의 엄마인 엠마의 이야기이다. 상사는 끊임없이 그녀에게 일정을 잡아 엠마가 아이들과의 중요한 행사를 놓치게 만들었다. 상사는 그 날짜들이 엠마와 가족에게 얼마나 중요한지 알고 있었지만, 그 특정 날짜들 동안 그녀의 일정에 더 많은 작업과 미팅을 추가했다. 엠마는 자신이 바란 이상적인 엄마가 될 수 없었다.

엠마는 내현적 나르시시스트 상사와 일하기 전에는 자신이 꽤 사교적이고 자신감이 넘치며, 수완이 좋은 사람이었다고 회상한다. 일을 그만두면서 안도감을 느끼고 과거의 자신으로 돌아간 듯했지만, 누구를 믿을 수 있을지 의구심이 생겨 모든 사람을 불신하게 되었다. 이제 그녀는 예전처럼 외향적이지 않으며 사람에게 쉽게 의구심을 품는다.

이는 정상적인 결과다. 내현적 나르시시스트와 긴 시간 함께한 사람은 남들과는 다른 시각으로 인간과 주변 세계를 보게 된다. 경험상 '세상에서 가장 좋은 사람'이 '가장 해로운 사람'으로 판명되면 이제 그 누구도 쉽게 신뢰하기 어렵기 때문이다.

이 이야기 중 하나라도 마음에 와닿거나 비슷한 일을 겪었다면, 당신은 혼자가 아니다. 그리고 그것은 결코 당신의 잘못이 아니다. 당신은 똑똑하고 능력 있는 사람이다. 세상에는 진심으로 당신을 아끼는 사람들이 있다.

이 장을 읽음으로써 당신의 경험과 감정을 확인하고, 본래의 아름다운 자아로 돌아가는 데 도움이 되었기를 바란다. 당신은 그곳에 도달할 것이며 이전보다 더 강해질 것이다.

8

# 내현적 나르시시스트와의
# 성생활

사라가 25년 동안 함께한 내현적 나르시시스트 남편과의 성생활에 대해 말했을 때, 나는 그것이 흔한 이야기라고 그녀를 안심시켰다. 그녀와 비슷한 경험을 공유한 다른 여성들의 이야기도 들려주었다. 그녀는 이렇게 말했다.

"이것을 꼭 당신 책에 넣어주세요. 방금 제게 말해준 것을 그 누구에게도 들어본 적이 없어요. 이 문제로 너무 외로웠어요. 저만 이런 경험을 하는 줄 알았거든요. 제게 뭔가 문제가 있다고, 그냥 제가 성적인 사람이 아니라고 결론을 내렸어요."

성 문제는 내현적 나르시시스트가 상대를 통제하고 조종하기 위해 사용하는 가장 일반적인 가스라이팅 방법 중 하나다. 대부분의 사람은 이를 눈치채지 못한다. 그 어떤 것도 성생활보다 개인적이고 취약한 영역은 없다. 내현적 나르시시스트는 심리적 조종을 위해 성을 이용하며, 이를 통해 피해자가 문제를 가지고 있는 것처럼 느끼게 만든다. 성 문제를 통해 상대를 조종하고 통제하여, 스스로를 비난하고 수치를 느끼도록 만든다. 이는 피해자의 자신감과 자존감에 심각한 영향을 미친다. 그들은 가장 깊은 부분을 공격하기 때문에 피해자는 자신을 지킬 능력을 잃게 된다. 결혼한 지 수년이 지났지만 오르가슴을 경험하지 못했다는 사실, 성관계에 대한 욕구가 전혀 없다는 사실, 배우자가 자신에게 완전히 실망했다는 사실을 주변에 말할 수 없기 때문에 고립을 선택하게 된다. 결국 자신이 성적으로 문제가 있다고 느낀다. 성생활 관련 문제를 모두 자신의 잘못이라고 믿게 되는데, 이것이 바로 내현적 나르시시스트가 바라는 바이다.

내현적 나르시시스트와 성관계할 때 가장 중요한 것은 그들의 즐거움이며 그들이 어떻게 느끼는지가 전부이다. 당신은 쾌락을 누릴 자격이 없다는 메시지를 받고, 침실에서 일어나는 일에 대해 당신이 감정, 반응, 혼란을 가지면 미묘하게 벌을 받는 기분이 든다. 당신의 감정은 내현적 나르시시스트에게 중요하지 않다.

수잔은 결혼생활 중 대부분 성욕을 느끼지 않았으며, 그 이유도 알 수 없었다. 수잔이 내현적 나르시시스트와 결혼했을 때 그녀는 어리고 성 경험이 없었다. 그녀에게는 비교할 만한 경험이 전혀 없었고, 결혼생활 25년 동안 단 한 번도 오르가슴을 느껴본 적이 없었다. 당황스럽고 부끄러움을 지닌 채 그녀는 자신에게 무슨 문제가 있는지 궁금해했다. 남편은 괜찮아 보였다. 남편은 성관계를 원했기 때문에 그녀는 자신이 문제임에 틀림없다고 결론을 내렸다.

　　이런 이야기는 친구들에게 대화 주제로 꺼낼 사안이 아니다. 대부분의 사람은 꺼내지 않는다. 40대 여성 중 파트너와 관계 중 오르가슴을 느껴본 적이 없다고 인정하고 싶은 여성이 과연 있을까? 그녀는 충분히 절망하고 있었고, 거기에 주변 사람들이 충격이라는 표정으로 쳐다보는 상황을 보태고 싶지 않았다. 그녀는 다른 사람들이 자신을 판단하는 것을 감당할 수 없었다. 자신과 남편의 판단으로도 충분했으니까. 그래서 그녀는 수년 동안 침묵하고 지냈다. 수십 년에 걸쳐 자신을 **'고치려고'** 노력했지만 아무 소용이 없자, 자신이 성적인 사람이 아니라고 결론지었다.

　　수잔은 내현적 나르시시스트와 이혼한 지 약 1년쯤 지났을 때 명상 수련회에 참석했다. 잘생기고 친절한 남자가 그녀에게 센터 주변을 안내해주었다. 그가 인사하며 악수를 청했을 때, 그녀는 몸에 익숙하지 않은 감각을 느꼈다. 내면에서 뭔가가 깨어났다. 찌릿한 느낌이 커지자 그녀의 눈이 크게 떠졌다. 몇 년 후 수잔은 그 남자와 재혼했고 드디어 진실을 알게 되었다. 자신이 매우 성적으로 활발한 사람이라는 점을 말이다. 그녀는 과거의 상처를 치유하며, 진정한 사랑이 무엇이고 어떤 느낌인지 이제 경험하고 있다.

성 문제는 내현적 나르시시스트가 피해자를 통제하는 가장 강력한 방법 중 하나이다. 피해자는 성관계에 대한 욕구가 없고 그 이유를 알 수 없을 때, 파트너를 실망시키고 있다는 사실에 미안해한다. 그들은 다양한 방법으로 파트너가 얼마나 실망스러운지 알려준다. 그들은 피해자의 느낌이나 어려움을 전혀 걱정하지 않고 아무런 관심이 없다. 관계는 상대방이나 두 사람에 관한 것이 아니라, 오로지 나르시시스트 자신에게만 초점이 맞춰져 있기 때문이다.

던과 내현적 나르시시스트의 성적 관계는 정말 좋았다. 그들은 놀라운 연결고리를 가진 것 같았고, 편안하고 낭만적이었다. 그는 던이 자신의 몸에 좋은 느낌을 지니게 만드는 온갖 달콤한 말을 했다. 던은 자신을 아름답고 성적으로 매력적이라고 느꼈고, 그들의 성생활은 매우 활발했다. 이 때문에 던은 그가 완벽한 짝이라는 믿음을 갖게 되었다.

관계 초기에 이런 양상은 일반적이다. 내현적 나르시시스트는 애정 공세 단계에서 성적으로나 감정적으로 당신을 따라 한다. 그들은 당신처럼 행동하고 당신이 되는 것처럼 보이기 때문에, 당신은 그들과 잘 맞는다고 느낀다. 이 관계의 모든 부분이 얼마나 좋은지 믿을 수 없을 정도이다.

던이 내현적 나르시시스트와 결혼한 직후, 상황이 달라지기 시작했다. 애정 공세가 끝나고 미묘한 폄하와 무시가 시작됐다. 그녀는 성관계에서 달라진 점을 느끼진 않았지만, 자신의 감정이 달라졌음은 알아차렸다. 던은 남편 브래드에게 이유는 모르겠지만 성관계를 가질 때마다 자신이 이용당하는 것 같다고 말했다. 두 사람은 개방적인 의사소통을 나눠왔기 때문에 자신의 감정을 솔직하게 전하고 싶었다. 브래드는 걱정스러운 표정으로 귀 기울이는 척했고, 앞으로 신경 쓰겠다고 말했다.

브래드의 말에 그 순간 괜찮아진 것 같았지만, 던은 그 속에서 분노를 느꼈다. 대화는 던이 자신이 이용당하는 느낌을 받는다는 것으로 시작했지만, 결국엔 그녀가 브래드에게 사과하고 **그를** 위로하는 것으로 끝났기 때문이다. 그는 대화의 초점을 비껴갔는데, 그녀의 감정을 살피지 않고 '피해자' 역할을 통해 자신에게로 관심을 돌렸다. 던은 몇 년간 그 느낌을 계속 공유했지만 아무것도 변하지 않았다. 내현적 나르시시스트는 자기 문제를 들여다보거나 행동을 바꾸는 데 관심이 없다.

던은 자신이 오르가슴을 느끼지 못한다고 생각했다. 브래드는 그녀의 오르가슴에 도움이 되기를 바란다면서, 다양한 체위를 시도해보고 싶어 읽었다는 〈플레이보이Playboy〉 기사들을 그녀에게 보여주곤 했다. 언뜻 그가 도우려는 것처럼 보였지만, 던은 그를 위해 해내야 한다는 압박을 느꼈다. 그는 남자이자 연인으로서 단지 자신이 기분 좋기 위해 그녀가 오르가슴을 느끼게 하고 싶었던 것이다. 상대방의 즐거움을 위해서가 아니라, 오로지 자기 기분을 좋게 하려는 자기중심적인 태도였다. 던의 몸은 사랑받지 못했고, 남편 곁에서 정서적으로 안전하지 않다는 현실을 알고 있었기에 닫혀버린 것이다. 그녀는 성에 대한 모든 욕구를 잃어버렸다.

브래드는 아내에게 이것이 자신에게 끼친 영향, 즉 자신은 욕구가 있지만 그녀가 욕구를 충족시키지 못한 것에 대해 이야기했다. 던은 괴로웠다. 이 모든 것은 그녀의 몸과 직관이 자신이 이용당하고 있다는 사실을 알고 있어서 시작되었다. 그러나 성생활 감소에 대한 책임은 그녀가 떠안게 되어, 수치와 죄책감이라는 무거운 짐을 지고 말았다.

던은 자신의 문제가 무엇인지 알아내기 위해 책과 기사들을 읽고 치료를 받으러 갔다. 남편에게 일말의 책임이라도 있는지 가끔 의아했지만, 어떻게 해야 할지 몰라 모든 탓을 자신에게로 돌렸다. 남편은 그녀의 노력을 막으려는 어떠한 행동도 하지 않았다.

몇 년이 지났다. 그들에겐 아이도 있고, 직업도 있다. 성관계는 비정기적이었고 그녀는 즐겁지도 않고 절정을 느껴본 적도 없다. 브래드는 수년 동안 던을 통제하기 위해 성 문제를 활용했다. 그녀는 형편없는 아내가 된 것 같았다. 남편은 점점 더 멀어졌고, 수동-공격적으로 처벌했다. 그녀는 자신이 그런 대우를 받을 만하다고 믿기 시작하며 받아들였다. 함께 있는 날에도 남편은 거리를 두고, 휴가 때마다 짜증을 내고, 생일마다 기분을 잡쳐도, 충분히 성관계를 해주지 않아서 남편이 사랑과 친절을 베풀 필요가 없는 게 '당연하니' 그에게서 더 나은 행동을 기대해서는 안 된다고 생각했다.

브래드는 던에게 수녀가 되는 게 더 쉽지 않겠냐며, 그녀가 레즈비언인 건 아닌지 비꼬았다. 그녀가 살이 찌자 비하하는 발언도 서슴지 않았다. 그녀는 자신을 과체중이고 성적으로 매력이 없다고 여기며 절망적인 기분에 휩싸였다.

수년에 걸쳐 브래드는 던을 기분 나쁘게 하고, 모든 게 그녀의 탓이라는 말들을 지껄였다. 버림 단계에서는 더 극적으로 변했다. 그는 던이 자신의 성기를 처음 보았을 때 별 반응을 하지 않아서 기분이 나빴다고 말했다. 그녀는 그 순간을 떠올리려 애썼지만 너무 오래전 일이라 기억이 나지 않았다. 도대체 그때 그녀는 뭘 했을까? 그것을 본 그녀의 표정은 어땠을까? 그녀는 남편의 남자다움을 완전히 짓밟았다는 메시지를 받았다. 그의 조종을 알아차리지 못하고, 큰 상처를 입혔다는 사실에 진심으로 미안해했다.

이런 게 바로 내현적 나르시시스트의 수법이다. 그들은

173

피해자의 동정심과 부드러운 마음에 의존하며, 피해자가 형편 없다고 믿도록 조종한다.

이런 일이 발생하면 그들은 피해자를 손아귀에 쥐고 몇 년 동안 통제할 수 있다. 브래드는 모든 게 자기중심적이었다. 그는 던이 자신의 남자다움을 증명해주기를 원했다. 그녀의 느 낌이 어떻든 상관하지 않았다. 자신의 기분이 좋아지기 위해 그 녀가 즐거워하길 바랐다. 그녀는 침대에서 남편으로부터 사랑 받는다는 느낌을 받은 적이 없다. 실제로 사랑받은 적이 없기 때 문이다.

그녀는 그로 인한 수치심 때문에 내게 말하기 전까지는 그 누구에게도 이런 이야기를 한 적이 없었다. 그런데 흥미로운 점은, 설령 던이 오르가슴을 느꼈다고 해도 남편은 그녀에게 또 다른 '잘못'이 있다고 말했으리라는 점이다.

멜라니도 비슷한 일을 겪었다. 그녀의 이야기는 오랜 결 혼생활의 마지막 시기를 제외하면 던의 사연과 매우 닮았다. 그 녀는 여자 친구들과 여행 중 용기를 내 친구들에게 남편과의 성 생활에서 오르가슴을 경험한 적이 없다고 털어놓았고, 여행을 다녀온 후 성적 각성을 얻었다. 집에 돌아와서 그녀는 자신을 탐 색하기 시작했고 오르가슴에 도달할 수 있었다. 그녀는 수년 동 안 남편에게 성적으로 큰 실망을 해온 터라, 내현적 나르시시스 트 남편과 함께 시도해보는 것이 기뻤고 마침내 오르가슴을 느낄 수 있었다.

이제 그녀는 적극적으로 성관계를 원했다. 그녀는 매일 남편에게 달려들었다. 남편과 함께 오르가슴을 느끼고 마침내 그가 수년 동안 바라던 것을 해줄 수 있어서 기뻤다. 일주일 정도 매일 관계를 가진 후, 남편은 더 이상 섹스를 원하지 않는다고 말했다. '이제 그녀가 원하는 것은 오르가슴뿐이며 자신에게는 관심이 없는 것 같아서'라고 이야기했다.

내현적 나르시시스트와 함께 있으면 당신은 어떤 일을 해도 절대 그들을 이길 수 없다. 그들은 결코 피해자에게 온전히 만족하지 않기 때문이다. 피해자는 그들 눈에 절대로, 영원히 충분하지 않다. 그들은 피해자를 통제하고 조종하기 위해 피해자를 붙잡을 수 있는 무언가를 갖고 있어야 한다.

멜라니의 남편에게 그녀를 통제할 수 있던 가장 큰 영역이 이제 사라져버린 것이다. 그는 더 이상 그녀에게 성관계를 갖지 않는다고 비난할 수 없게 되었다. 그는 그녀를 함부로 대하고 무시하기 위한 구실로 성을 활용할 수 없게 된 것이다. 그녀는 내면이 더 강해지고 성적으로 활발해져 더 이상 그의 에너지 공급원이 되지 않았고, 결국 그는 결혼 18년 만에 관계를 끝냈다. 그는 이사를 가고, 몇 달 후 다른 타깃으로 옮겨갔다.

당신이 문제라거나 당신에게 뭔가 잘못되었다고 천천히

세뇌하는 사람과 함께 살 때, 사태를 명확하게 다시 볼 수 있으려면 시간이 걸리고 많은 것을 되돌려야 한다. 예를 들어 던은 점차 더 강해졌고, 수년 동안 경험했던 조종과 통제를 간파하기 시작했다.

던의 남편은 아내가 이용당하는 느낌을 받을 때 원인이 혹시 자신에게 있는지 확인하려고 상담을 받으러 가지 않았다. 그는 아내가 기분이 나쁘다고 해서 자신의 기분이 나빠진 적이 없다. 그에겐 공감이 없다. 그녀는 남편을 실망시키는 것이 미안했다. 그녀에게는 공감 능력이 있기 때문에 그의 입장이 되어 그가 어떤 기분일지 상상했다. 그러나 남편은 그녀가 좋은 성 경험을 하지 못하는 것에 단 한 번도 미안하다고 느끼지 않았다. 그는 상관하지 않았다. 아내가 더 안전하고 사랑받는 느낌을 받을 수 있는 방법을 전혀 생각해보지 않았다. 그는 아내를 사랑하거나 관계가 강해지기를 바라는 마음에서 그녀와 지낸 것이 아니다. 그는 아내가 스스로를 탓하게끔 유도했다. 아내가 우울하고 갈피를 잡지 못해도 괜찮았고, 말로 상처를 주어도 상관없었다. 아내는 그에게 중요하지 않았기 때문이다. 그는 아내를 사랑하지 않았다. 그는 자신의 성적 문제를 아내에게 투사하고, 그녀가 스스로를 탓하게 만들었다.

내현적 나르시시스트와 함께 있을 때 성 문제는 항상 혼란스럽다. 왜냐하면 절대로 피해자가 기분 좋을 일은 없기 때문이다. 성별에 상관없이 많은 피해자와 이야기를 나눴는데 매번 같은 이야기였다. 오르가슴을 느끼지 못하는 것도 생존자들의 공통된 주제였다. 우리는 안전하다고 느끼지 않는 사람과 함께 있으면, 몸의 긴장을 풀 수 없고 자연스러운 흐름이 이어질 수 없다. 마음이 상황을 파악하기 전에 우리 몸은 이미 알고 있다.

내현적 나르시시스트는 성 문제에서도 반전을 꾀한다. 한 여성은 15년간의 관계가 끝날 무렵 남편이 브라질리언 왁싱에 집착했다고 했다. 그는 포르노 비디오에 나오는 많은 여성이 몸 전체를 왁싱했다며 아내도 그렇게 하길 원했다. 아내가 불쾌하다고 말해도 그는 더 밀어붙였고, 자신을 위해 이 정도도 해주지 않느냐며 깊은 상처를 받았다고 표현했다. 그는 왁싱이 자신에게 큰 의미인 줄 알면서도 그녀가 왁싱을 하지 않는 것이 자신에게 관심이 없어서라고 분노했다. 그녀의 불쾌함은 중요하지 않았다. 그에게는 오직 자신의 감정만이 중요했다.

보통 사람들이 이런 이야기를 들으면 "참 멍청하네, 왜 그런 사람과 같이 사는 거야?"라고 생각할 것이다. 그러나 대부분의 피해자처럼 이 여성도 똑똑한, 실은 정말 뛰어난 사람이다. 애정 공세와 긴 세월 간헐적 강화를 겪으며 상대방이 자신을 사랑하고 신경 쓴다고 믿기 때문에, 남편이 던진 말들은 그녀의 정신을 피폐하게 만들었다. 내현적 나르시시스트가 조종을 통해 상대방이 이기적이며 배려심이 없다고 느끼게 만드는 일은 어렵지 않다. 내현적 나르시시스트는 자신의 이기심을 그녀에게 투사해 그녀 스스로가 이기적이라고 의심하게 만들었다. 그는 감정적으로 미성숙하지만, 그녀는 그로부터 수년간의 친절과 부드러움을 경험했기 때문에 그의 진짜 모습을 보지 못한 것이다.

내현적 나르시시스트는 당신의 취약점을 알고 있다. 그들은 당신에게 영향을 미치고 불안감과 자기의심을 강화하는 방법을 알고 있다. 그들은 당신의 공감과 배려하는 마음을 착취하고, 그것을 불리하게 사용하고 통제하는 방법을 잘 안다.

나는 라이프코치로서 사람들이 겪은 문제를 말할 때 패턴과 비유를 살핀다. 많은 남성과 여성이 내현적 나르시시스트와의 성생활에 대한 은밀한 세부 사항을 드러낼 때, 내 머릿속에 하나의 패턴이 그려지기 시작했다.

버림 단계는 살을 에는 듯 가혹하다. "극도로 혼란스러운" 정도로 표현하기에도 부족하다. 당신이 알고 있다고 믿었던 사람이 이제는 당신이 알지 못하는 사람, 잔인하고 무감각한 사람이 되었다. 머리가 어지러워지고 마음은 황폐해진다. 지금까지 이런 배신과 상처, 혼란을 경험해본 적이 없다. 피해자들은 무슨 일이 일어났는지 알아내려고 지난 몇 년간을 되돌아본다. 누군가가 당신 파트너가 나르시시스트인 것 같다고 말을 꺼내면, 이제 자신이 놓친 징후와 알아차리지 못한 특성들을 다시 검색하기 시작한다.

피해자가 상황을 파악하려고 할 때 보통 다음과 같은 생각을 한다.

이 관계의 진실은 무엇인가? 내가 함께 살고 진심으로 사랑했던 이 사람이 정말 다른 사람들이 말한 그런 사람일까? 내가 속았고 조종당했다고? 나르시시즘이라는 말은 너무 세지 않나? 잘 안 풀리는 원인이 정말 나한테 있던 걸까? 나는 그가 말한 것만큼 형편없었던가? 그가 나를 정말 사랑한 적은 있었나?

다 연기였던가? 정말 그런 게 가능하단 말인가? 내가 나르시시스트 진단을 지나치게 과장하고 있는 것은 아닐까? 그 사람은 실제로 무고한데 내가 단지 어떤 이유로 이 상황을 극복하지 못하는 걸까? 함께 살기 힘든 사람은 정작 나였는데 그걸 내가 모르는 걸까?

피해자의 마음은 너무 많은 생각과 분석으로 미칠 지경이다. 명확하게 보려는 노력이 불가능하거나 무의미하다. 관계의 진실을 알아내는 방법이 있는데, 내가 깨달은 비밀 해독기는 바로 성 문제였다. 이것이 내가 사람들을 인터뷰하면서 본 패턴이다. 많은 생존자를 대상으로 내 이론을 테스트했고, 매번 내

179

설명이 그들을 놀라게 했다. 그들이 진실의 눈을 뜨게 하는 계기가 되었고, 결국 그 애매모호함을 이해할 수 있게 되었다.

내현적 나르시시스트는 자신감 넘치게 행동하기 때문에 그들이 늘 진실을 말하고 있다고 믿기 쉽다. 그들의 말은 매우 합리적으로 들리고, 피해자는 그것을 신뢰하는 데 익숙하다. 그러나 진실은 그들이 전문적인 거짓말쟁이라는 것이다. 반면에 피해자의 몸은 항상 진실을 말해주는 정확한 지표이다. 그 무엇보다 몸의 느낌을 신뢰할 수 있다. 성관계 도중과 후에 느낀 감정은 관계의 진실을 풀기 위한 열쇠이다. 작동 방식은 다음과 같다. 다음 질문에 답을 해보라.

1. 연애 초기의 성관계에 대해 설명해보라. 파트너는 어땠는가? 침대에서 파트너는 당신을 어떻게 대했는가? 그와 관계를 가질 때 어떤 기분이 들었는가? 최대한 자세히 설명해보라. 그는 부드러웠는가? 세심했는가? 파트너가 당신 몸에 아첨하는 말을 했는가? 재미있었는가? 탐험적이었는가? 편안했는가? 상당한 교감이 있었는가?

_____

_____

_____

첫 번째 질문에 대한 답은 당신과 파트너의 애정 공세 단계가 어땠는지를 설명한다. 이는 내현적 나르시시스트가 자신을 어떻게 묘사했는지, 그리고 당신이 수년간 그 사람에 관해 믿어온 바를 기술한 것이다.

2. 언제부터 관계가 다르게 느껴지기 시작했는가? 차이점은 무엇인가? 성관계를 하는 동안 기분이 어땠는가? 후에는 어땠는가? 파트너가 당신을 어떻게 대했는가? 그 사람과의 성관계를 어떻게 느꼈는가, 성적인 면에서 당신 자신에 대해서는 어떻게 느꼈나? 성적 관계의 변모를 써보라. 자세히 설명할수록 더 도움이 될 것이다.

_____

_____

_____

_____

_____

_____

_____

방금 설명한 내용은 전체 관계의 진실이며, 파트너의 진짜 모습이다.

한 여성의 답변을 들어 내현적 나르시시스트와 벌어지는 관계의 진실을 설명하겠다. 그것이 어떻게 작동하는지 당신이 이해하는 데 도움이 되었으면 한다. 자신의 경험을 돌이켜보면 도움이 될 것이다. 나는 성별 무관하게 여러 사람으로부터 비슷한 반응을 너무 많이 들었다.

"혼란스러웠다. 좌절을 느꼈다. 나는 그를 정상이라고 보았고, 내가 섹스를 원하지 않고 그는 원했기 때문에 내게 뭔가 문제가 있다고 생각했다. 그는 수동적이었다. 모든 걸 내가 먼저 시작하게 했고, 내가 원하지 않으면 마치 순교자처럼 행동했다. 그는 정서적으로 단절되어 있었고 나와 조화를 잘 이루지 못했다. 내가 그에게 해야 할 일을 일일이 말해주어야 했다. 사랑을 나누는 느낌이 아니라 어떤 행동에 가까운 느낌이었다. 그가 나와 사랑을 나누는 것 같지도 않고 나를 사랑한다고 느끼지도 못했다. 그는 열정적이지 않고 로봇 같았다. 일방적인 느낌. 마치 내가 이용당하고 있는 느낌이 들었다. 모든 게 그 중심이었다. 그는 부드럽지 않았다. 우리가 좋은 성생활을 하지 못하는 게 내 탓이라고 했다. 그는 말만 했지 책임은 지지 않았다. 그는 내 몸에 대해 칭찬을 하곤 했지만 그와 깊은 수준으로 연결되는 느낌이 들지 않았다. 그는 성적인 면에서 자신을 돌봤지만 나를 돌보지는 않았다. 어릴 때부터 그에게 성적인 문제가 있었지만, 마치 내게 성적인 문제가 있는 것처럼 느끼게 만들었다. 나는 우리의 만족스럽지 못한 성생활의 원인이 나라고 믿었다. 내가 물건처럼 느껴졌다. 그는 자기 방식대로 하고 내가 따르지 않으면 화를 냈다. 그런 다음 침묵하거나 모욕적인 말로 처벌했다. 즐겁지 않았다. 관계를 잘 해내는 것이 모두 내게 달려 있는 것처럼 느껴졌다. 나는 그의 기분을 좋게 하려고 존재하는 것 같았다. 그에게 진정성이라곤 없었다. 거의 연극을 하고 있는 것처럼 느껴졌다. 그의 몸은 마치 생명이 없는 것처럼 기운 없어 보였다."

이제 위의 기술들을 살피면서 그 관계를 전체적으로 설명해보겠다. 이탤릭체는 그녀가 기술한 것이고, 정체는 그 관계와 나르시시스트의 특성을 설명한 것이다.

*혼란스러웠다.* 관계가 혼란스러웠다는 말이다. *좌절을 느꼈다.* 그녀가 그 관계에서 좌절을 느꼈다는 것이다. *나는 그를 정상이라고 보았고, 내가 섹스를 원하지 않고 그는 원했기 때문에 내게 뭔가 문제가 있다고 생각했다.* 그녀로 하여금 자기는

정상이고 그녀에게 문제가 있다고 생각하도록 그가 조종을 했다. *그는 수동적이었다. 관계에서 그는 수동적이었다. 모든 걸 내가 먼저 시작하게 했고, 내가 원하지 않으면 마치 순교자처럼 행동했다.* 그녀를 통제하기 위해 피해자 코스프레를 한 것이다. 그는 그녀의 죄책감과 수치심을 이용했다. 자신은 개인적인 책임을 지지 않고, 관계를 진행시키기 위한 책임을 그녀에게 떠넘겼다. 그는 삐죽거리면서 자신을 불쌍하게 여기도록 조종했고, 자신의 불행은 그녀 탓이라고 생각하게 했다. *그는 정서적으로 단절되어 있었다. 자신과의 연결이 끊어져 누구와도 연결할 수 없다는 말이다. 나와 조화를 잘 이루지 못했다.* 그는 관계에서 그녀와 조화를 이루지 않았고, 그의 행동이 보여준 것처럼 조화를 이루고자 하는 욕구도 없었다. *내가 그에게 해야 할 일을 일일이 말해주어야 했다. 그는 아기처럼 행동했다.* 그에게 숟가락으로 밥을 떠먹여주어야 했고, 성인 남성에게 기초 개념들을 설명해주어야 했다. *사랑을 나누는 느낌이 아니라 어떤 행동에 가까운 느낌이었다. 그와의 결혼생활에서 진정한 사랑은 없었다. 전부 연기이다. 그가 나와 사랑을 나누는 것 같지도 않고 나를 사랑한다고 느끼지도 못했다.* 그는 그녀를 진정으로 사랑하지 않았다. *그는 열정적이지 않고 로봇 같았다.* 관계에서 그에게 열정은 없었다. 관계에서 어떤 생명력이 있다면 그녀에게서 나온 것이다. 그의 내면은 텅 비어 있었다. *일방적인 느낌. 그는*

자아감이 높지 않기 때문에 생명력과 정체성을 그녀가 제공해 주길 바랐다. 관계는 당연히 일방적일 수밖에 없다. 생명을 불어넣는 것은 그녀에게 달려 있고, 그렇지 않았다면 아무것도 없었을 것이다. *마치 내가 이용당하고 있는 느낌이 들었다.* 관계에서 그녀가 이용당한 게 맞다. 모든 게 그에 대한 것이고 관계는 그 사람 중심이다. 그는 부드럽지 않았다. 그는 관계에서 그녀에게 부드럽지 않았다. *우리가 좋은 성생활을 하지 못하는 게 내 탓이라고 했다.* 그녀의 잘못이 아닌 것을 그녀의 잘못으로 돌린 것이다. 그는 정서적으로 미성숙하고, 약하고, 이기적이다. *그는 말만 하지 책임을 지지 않았다.* 그가 설혹 말로 책임지겠다고 하더라도 결코 책임을 지지 않는다. 그의 언행은 늘 불일치했다. *그는 내 몸에 대해 칭찬을 하곤 했다.* 그는 간헐적 강화, 당근을 주었다. 그는 수년간 교묘한 잔인함과 정중함을 섞어서 보여주었다. *그와 깊은 수준으로 연결되는 느낌이 들지 않았다.* 그녀가 무슨 일을 하더라도 그와 깊은 수준에서 연결될 수 있는 방법은 없다. *그는 성적인 면에서 자신을 돌봤지만 나를 돌보지는 않았다.* 그는 자기 자신은 돌보지만 상대방을 돌보지 않는다. *어릴 때부터 그에게 성적인 문제가 있었지만, 마치 내게 성적인 문제가 있는 것처럼 느끼게 만들었다.* 그는 어려서부터 미해결의 문제를 갖고 있었는데, 그것을 정직하게 마주하지 않고 그녀에게 투사했다. *나는 우리의 만족스럽지 못한 성생활의 원인이*

바로 나라고 믿었다. 그는 관계가 원활하지 않은 것을 그녀 탓으로 돌렸고, 그녀는 그 비난을 받아들였다. *내가 물건처럼 느껴졌다.* 그에게 그녀는 쉽게 대체할 수 있는 물건이었다. *그는 자기 방식대로 하고 내가 따르지 않으면 화를 냈다.* 그는 자기 마음대로 일을 강제하면서 통제하고 조종했고, 그가 바라는 것을 따르지 않으면 화를 냈다. 내현적 나르시시스트의 성숙도가 [1~3세 정도] 걸음마 아이 단계라서 자기 마음대로 하고, 바라는 대로 되지 않을 때는 난동을 피운다. *그런 다음 침묵하거나 모욕적인 말로 나를 처벌했다.* 그는 침묵으로 대하고 모욕적인 언사를 했다. *즐겁지 않았다. 관계가 정말 재미가 없었다. 관계를 잘 해내는 것이 모두 내게 달려 있는 것처럼 느껴졌다.* 그는 관계를 유지해가야 할 모든 책임을 그녀에게 지운 것이다. *나는 그의 기분을 좋게 하려고 존재하는 것 같았다.* 그녀는 그의 기분이 좋기 위해 존재했을 뿐이었다. *그에게 진정성이라곤 없었다.* 그는 진정성이 없었다. *거의 연극을 하고 있는 것처럼 느껴졌다.* 그는 역할을 맡아 연기를 한 것이다. *그의 몸은 마치 생명이 없는 것처럼 기운 없어 보였다.* 생명력 없음이 그가 가진 영혼의 진실이다. 그는 그녀의 생명력에 의존한 것이다.

나는 내 이론을 더 시험해보고자 건강하고 사랑이 넘치는 관계에 있는 친구들에게 같은 질문을 했다. 이들은 사탕발림

하지 않는 정직한 사람들이다. 질문하기 전에 나는 '그들도 성생활에 몇 가지 문제가 있을 거야, 다들 그러지 않나?'라고 생각했다. 하지만 그들의 대답은 놀라웠다.

- "남편과의 성관계는 재미있어."
- "사랑받고 안전하다고 느끼지."
- "나는 아름답다고 느껴."
- "그 사람과 함께 있으면 섹시한 느낌이 들어요."
- "그는 매우 온화하고 세심해."
- "그는 나한테 기쁨을 줘."
- "장난스러운 느낌."
- "그 사람에게서 믿을 수 없을 만큼 사랑과 소중함을 느껴."
- "그는 매우 민감하고 친절해."
- "보통일 때도 참 좋아. 그럴 땐 우린 그냥 웃어."
- "연결되어 있고 귀하게 대우받는 느낌이 들어."
- "우리는 조화를 이루고 있는 것 같아."
- "춤추는 것 같아."

이들은 모두 결혼한 지 17년이 넘은 사람들이다. 일부는 20년이 넘었다. 이들은 새로 시작하는 젊은 커플이 아니다. 그들의 삶 역시 순탄하지 않았고, 관계는 힘든 노력의 결과물로 이루어진 것이겠지만, 이 사람들은 나르시시스트와 결혼하지 않았다. 그들의 성생활은 그들이 느끼고 경험하는 결혼생활의 진실을 반영한다.

성은 관계의 진실을 반영하며, 또 자신을 신뢰할 수 있다는 것을 보여준다. 당신이 성관계에 대한 욕구를 잃은 관계에 있다면 그것은 당신의 몸이 똑똑하기 때문이다. 몸은 파트너와 감정적으로 안전하지 않다는 사실을 알고 있다. 진정한 사랑을 경험했다면, 관계를 원하고 오르가슴에 도달했을 것이며 매번 사랑으로 느꼈을 것이다. 당신은 보호받고, 존중받으며, 소중히 여겨진다고 느꼈을 것이다.

최근에 나는 실제로는 성대 이미지인데 마치 질처럼 보이는 사진 한 장을 보았다. 내현적 나르시시스트가 가장 많이 통제하고 억압하는 영역이 이 두 가지라고 생각하니, 그 사진이 얼마나 강력하게 다가오는지 놀라웠다. 우리의 걱정, 감정, 욕구를 자유롭게 표현하도록 하는 창구가 우리를 통제하기 위한 수단으로 침묵된 것이다. 우리를 가장 사랑해야 할 사람이 우리의 사랑과 열정의 표현을 억압한 것이다.

성관계는 인생에서 가장 취약한 활동 중 하나이다. [감정적 취약성을 넘어서 신체적, 심리적 측면에서 위험에 처할 수 있기 때문이다.] 내현적 나르시시스트는 이 신성한 행위를 착취하고, 우리의 입을 막고, 영혼을 진압하고, 생명력을 빼앗는다. 우리의 성적 자아는 지구에 생명을 가져오는 힘이 있는데, 내현적 나르시시스트는 이를 사용하여 상대 내면의 생명력을 억압한다. 잔인하고 비인간적이다. 고대 문명에서 샤먼(토착 문명에서 영성과 의례 지도자와 치료사)이 치유를 찾는 사람들을 만날 때 묻는 첫 번째 질문 중 하나는 "언제 노래 부르기를 그만뒀나요?"이다. 대부분의 타깃은 내현적 나르시시스트와의 관계 이전에 그들 내부에 엄청난 생명력이 있었다고 말했다. 오랜 시간 위장된 학대로 생명력과 내면의 빛은 예고도 없이 서서히 줄어들었다. 그들은 더 이상 노래를 부르지 않는다는 걸, 더 이상 춤을 추지 않는다는 걸 잊어버린 채, 마치 본래 그랬던 것처럼 받아들인다.

내현적 나르시시스트와의 성적 관계는 정서적 공격의 한 형태이다. 그것은 심리적 학대, 즉 피해자의 내면을 억누르고 감정적으로 무력하게 만드는 은폐된 학대이다. 당신은 '열등한' 존재, 원치 않고 바람직하지 않은 존재, 사랑받을 가치가 없는 존재라는 느낌을 받는다. 당신의 진정한 모습을 잃어버린다. 당신은 이용당하고 버림받았지만, 당신 잘못이 아니다.

결코 당신의 잘못이 아니다.

당신에게 이런 일이 일어났다는 건 사소한 일이 아니다. 당신은 눈에 보이는 상처 없이 트라우마를 겪었지만 몸과 영혼은 그것을 느낀다. 당신이 겪은 일의 심각성을 인식하고 느끼는 것이 중요하다. 당신의 마음, 즉 내면의 풍경이 큰 타격을 받았고 이제는 치유하고 회복할 시간이 필요하다.

당신의 느낌은 타당하고 중요하다. 자신에게 친절하라. 당신은 사랑과 온유함을 받을 만한 자격이 있다. 당신이 자신을 더 많이 돌보고 대접할수록, 친절함으로 자신을 대할수록 그 느낌에 익숙해진다. 그 결과, 다른 사람에게 그보다 못한 대우를 받게 된다면 더 이상 용납하지 않게 될 것이다. 당신은 매일매일 더 강해지고, 언젠가 진짜 사랑을, 그 모든 것을 갖게 될 것이다. 당신은 진정으로 당신에게 즐거움을 주는 사람을 사랑할 자격이 있다. 그 사람은 당신을 사랑하기 때문에 당신이 행복해하는 모습을 보고 싶어 할 것이다. 그들은 진심으로 당신을 배려하고, 당신은 놀라운 차이를 느낄 것이다. 이번에는 사랑을 하는 것이 **진짜 사랑**을 나누는 느낌일 것이다.

9

# 내현적 나르시시스트와
# 이혼하기

이혼 상대가 내현적 나르시시스트인 경우 원만한
이혼은 불가능하다. 이별은 갑작스럽게 찾아온다. 이별 과정에
서 숨겨진 나르시시스트의 여러 성격적 특성이 한꺼번에 강하
게 분출되며 큰 충격과 혼란을 준다. 당신은 간헐적 강화, 평판
떨어뜨리기, 날아다니는 원숭이, 거짓말, 조종, 사람 미치게 만
드는 대화, 삼각 관계화, 완벽한 공감 결여, 폄하와 모욕, 정서적
미성숙, 심각한 이기심, 타고난 권리인 듯한 우월감 등을 버림
단계에서 경험한다. 당신은 한 번도 경험하지 못한 배신감을 느
낄 것이다.

당신이 사랑하고 당신을 사랑한다고 확신했던 '착한 남
자/여자'는 당신이 모르는 다른 사람, 지금 만난다면 결코 용납

하지 않을 사람으로 변한다. 온 마음을 다해 사랑했던 사람으로부터 겪는 대혼란과 잔인함은 헤아릴 수가 없다. 은밀하거나 노골적인 지적질과 비판은 당신을 마비시킨다. 새 삶을 사는 일은 어렵게 느껴진다. 버림 단계는 신체적, 정서적으로 당신을 지치고 피폐하게 만든다.

## 이별

많은 피해자가 자신이 낯선 곳에 있을 때 이별을 겪어 편안함과 안전함을 잃었다고 고백했다. 피해자들은 익숙한 장소에서 벗어나 보호받지 못한 채 취약함과 외로움을 느꼈다. 그런데 이것은 우연이 아니다. 내현적 나르시시스트는 당신을 뒤흔들고, 무방비 상태로 우왕좌왕하게 만드는 상황을 의도적으로 만든다. 버림이 갑작스럽다고 생각할 수 있지만, 사실 내현적 나르시시스트는 오랫동안 이를 계획해왔다.

'대화'를 준비하는 동안 불편한 시간이 될 것이다. 그들의 행동은 당신이 보던 모습과 다르다. 내현적 나르시시스트는 당신이 얼마나 끔찍하고 더 이상 참을 수 없는 사람인지 헐뜯을 새로운 친구들을 사귄다. 새 친구들에게 당신 이야기를 하고, 당연히 그 사람들은 당신을 나쁘게 생각한다. 내현적 나르시시스트를 안타까워하며 당신과의 관계를 끝내라고 부추길 것이다.

새로운 친구들은 내현적 나르시시스트를 지원하고 그들이 할 수 있는 온갖 방법으로 나르시시스트를 돕는다. 이제 내현적 나르시시스트는 확신을 갖고 새 친구들이 자신의 의견에 동의한다고 당신에게 알려준다. 한동안 그 친구들은 다음 단계로 넘어갈 때까지 날아다니는 원숭이 무리가 된다.

"당신하고 결혼해서 이렇게 오래 버티는 남자는 많지 않을 거야!" 사라의 내현적 나르시시스트가 이별을 선언하면서 그녀에게 던진 말이다. 이 말은 내현적 나르시시스트가 피해자에게 상처를 줄 때 하는 말이 얼마나 지독하게 잔인한지 보여주는 한 예일 뿐이다. 당신은 마비되고 무감각해진다. 몸 전체에 트라우마가 퍼짐을 느낄 것이다. 당신은 황폐해지지만, 그들은 단지 해야 할 일 목록에서 뭔가를 해치운 것처럼 보인다. 마치 영혼이 없는 것 같다. 그들은 관계가 끝나도 이상하게 당황하지 않는 것 같다. 그들이 완벽하게 괜찮아 보이는 동안 당신은 무너지고 있다. 당신은 불가해한 영역에 있는 것처럼 느끼고, 그들은 행복하게 이사할 계획을 세운다.

어느 이른 아침, 가족 여행을 떠나기 전 에밀리는 커피를 내리려고 부엌으로 걸어갔고, 식탁에 내현적 나르시시스트 남편의 휴대폰이 있는 것을 보았다. 어쩐지 그녀는 그의 문자 메시지를 봐야 할 것 같았다. 그를 염탐한 적이 한 번도 없지만, 최근 그의 이상한 행동을 보고 살펴보기로 마음먹었다. 전날의 대화를 발견했는데, 거기에는 남편과 그의 새로운 사람이 이번 가족 휴가를 마치고 이사하게 되어 매우 설렌다는 내용이 남아 있었다. 둘 다 이 일을 얼마나 고대하고 있는지, 하루빨리 함께 살며 그들이 계획한 모든 재미있는 일을 하고 싶다는 대화였다.

에밀리는 매일 울었고, 아이들은 무슨 일인지 눈치를 살피며 충격에 빠졌다. 그러나 남편은 그의 새로운 모험을 기다리며 하늘을 둥둥 떠다니는 듯했다. 그는 에밀리나 아이들에게 아무 말도 하지 않았다.

관계가 끝난 것 같을 때 피해자의 세계는 황폐해지지만, 내현적 나르시시스트는 영향을 받지 않는다. 이것이 피해자를 더욱 미치게 한다. 이런 일은 결혼한 지 20년이 지난 경우에도 흔하게 일어난다. 어떤 사람은 결혼생활 30년, 심지어 40년이 지난 후에도 이런 경험을 했다.

이별은 내현적 나르시시스트가 먼저 시작하지만 이혼 신청을 하는 사람은 생존자인 경우가 일반적이다. 내현적 나르시시스트는 결혼이 끝났음을 분명히 알리지만, 그들은 평판이 최우선이고 나쁜 사람처럼 보이고 싶지 않기 때문에 결혼을 끝내기 위한 어떤 조치도 취하지 않는다. 어떤 내현적 나르시시스트들은 이혼을 수년 동안 끌기도 한다. 생존자가 이혼을 신청하려면 엄청난 용기가 필요하다. 왜냐하면 내현적 나르시시스트와 날아다니는 원숭이들 때문에 죄책감과 수치심을 갖기 때문이다. 생존자는 노력도 하지 않고, 혼자서 가족을 깨뜨려 관계를 끝내려는 사람으로 그려진다.

## 갑작스럽고 완전한 버림

내현적 나르시시스트가 인생 전부, 삶 대부분의 책임을 배우자에게 떠맡기는 상황은 매우 흔하다. 많은 피해자가 집을 팔고, 아이들의 학교 문제를 해결하고, 짐을 옮기고, 가구를 팔고, 일을 마무리하며 아이들을 돌보고, 청구서를 정리하는 동안 내현적 나르시시스트는 재빠르게 나아간다. 피해자는 완전히 방치되고, 잔해는 피해자가 치운다.

파트너와 수십 년을 함께했는데 갑자기 그 사람이 사라졌다. 당신은 감정적으로 어지러울 때 큰 결정을 내리면서 사태를 수습해야 하는 상황에 놓인다.

## 대조적 반응

관계가 끝난다는 사실에 피해자는 망연자실한다. 반면에 내현적 나르시시스트는 기괴하게도 감정에 영향을 받지 않는다.

당신은 무너지고, 그들은 자신이 얼마나 더 행복한지 알리면서 앞으로 나아간다. 당신은 상처받고 혼란스럽지만, 그들은 큰일이 아닌 것처럼 행동한다. 당신은 여전히 자기 자신인데, 그들은 마치 전혀 다른 사람처럼 행동한다. 당신은 그들이 당신을 대하는 태도에 경악하고 어리둥절해한다.

그들이 당신을 모욕하는 동안에도 당신은 그들을 이해하려고 노력한다. 하지만 그들은 상대방과 연결하거나 관계를 회복하는 데 아무런 관심이 없다. 그들은 오랜 세월 함께 삶을 이룬 후에도 관계를 유지하려는 노력을 하지 않는다. 그들은 끝이 난 거면 정말 끝이 난 것이다.

내현적 나르시시스트는 공감도 없고, 상대의 감정에 관심도 죄책감도 양심의 가책도 없다. 모든 것이 항상 그들 중심이고, 지금은 그것이 더욱 뚜렷해진 것뿐이다. 그들은 냉담하고 무감각하게 보이고, 당신은 도대체 무슨 일이 일어나고 있는지 의아해할 뿐이다.

## 새로운 타깃

내현적 나르시시스트는 새로운 타깃으로 재빠르게 이동한다. 많은 경우 이혼하기 전부터 그렇다. 그들은 새로운 타깃과 함께 있지만 친구들에게는 말하지 않는다. 주변의 날아다니는 원숭이들이 여전히 자신을 희생자로 믿고 불쌍하게 보도록 만드는 것이 중요하기 때문이다.

새로운 타깃은 당신이 처음에 나르시시스트를 만났을 때처럼, 정말 좋은 사람을 만났다는 생각에 흥분하며 행운이라고 느낀다. 내현적 나르시시스트는 당신에 대한 온갖 이야기를 하며, 새 타깃에게 당신이 형편없는 인간이라는 이미지를 심어준다. 새 타깃은 나르시시스트를 불쌍해하며 새로운 헌신자가 된다.

내현적 나르시시스트에게는 섬세함이나 공감 능력이 없기 때문에 당신이 무너지는 동안 새로운 공급원과 함께 근사한 삶을 시작한 듯이 드러낼 것이다. 끝내 당신을 버리고 훨씬 더 나은 사람과 함께해서 얼마나 행복한지 알려준다.

관계가 끝날 즈음, 당신은 그들이 다른 사람과 함께 있는지 궁금할 수 있다. 당신이 질문하면 그들은 정직하게 답하기보다 회피하거나 관심을 다른 곳으로 돌리며, 되레 당신의 잘못을 지적할 것이다. 그들은 당신을 예민하고, 성장할 필요가 있으며, 질투심 많고, 편집증적인 사람으로 만든다. 당신이 엉망으로 보이게 하는 말들을 내뱉고, 그동안 새 타깃과 함께 평온하게 해 질 녘을 즐길 것이다.

대부분의 내현적 나르시시스트는 공감과 돌봄 능력이 있는 타깃으로 이동하지만, 가끔은 자신과 똑같은 나르시시스트를 선택하기도 한다. 만약 그렇다면 이는 두 나르시시스트가 서로에게서 원하는 것이 있으며, 그것을 더 이상 얻지 못하면 관계는 곧 끝난다는 것을 의미한다.

이 기간 동안 당신은 정서적 학대를 물밀듯이 받을 뿐만 아니라, 그들이 새롭게 완벽한 삶을 묘사하는 과정도 지켜봐야 한다. 이것을 명심하라. 내현적 나르시시스트는 겉으로 보이는 것과 완전히 다르다. 그들은 완벽하지 않다. 내현적 나르시시스트는 진실로 행복하지 않으며 그럴 수도 없다. 이들은 조용한 분노로 가득 차 있고, 공감 능력이 없다. 이 두 조합으로는 가공된 행복만 가능할 뿐 결코 깊고 진정한 행복은 불가능하다. 단지 당신을 흔들어놓으려는 쇼일 뿐이다. 당신은 더 강하고 명확해질 것이며, 언젠가 그들이 하는 쇼가 더 이상 당신에게 영향을 끼치지 않을 것이다.

## 평판 떨어뜨리기

내현적 나르시시스트는 사람을 조종하는 데 있어 매우 전략적이다. 그들은 자신이 진실한 사람, 즉 정말로 배려심 있고 옳은 일을 하려는 사람으로 보이게끔 이야기들을 퍼뜨린다. 날아다니는 원숭이들은 그들의 현실 왜곡 이야기를 듣고 당신이 모든 고통을 야기하는 끔찍한 적이라고 생각한다. 예를 들어, 에이미는 이혼을 진행할 때 내현적 나르시시스트의 여동생으로부터 이혼이 전부 그녀 탓이라는 이메일을 받았다.

이러한 메시지는 받아들이기 매우 어렵지만 흔한 일이다. 피해자가 어떻게 반응하든 주변 사람들은 당신이 오랜 세월 그래왔던 것처럼 내현적 나르시시스트의 진실을 보지 못한다.

내현적 나르시시스트의 평판 망치기는 이혼 후에도 끝나지 않는다. 수년간 지속되기도 한다. 그들은 피해자가 행복하거나 잘 지내는 꼴을 두고 보지 못한다. 이것이 바로 일반적인 이혼과 나르시시스트와의 이혼이 다른 점이다. 그들은 여전히 피해자의 삶을 통제하고 싶어 하고, 피해자가 강해질수록, 그들의 말도 안 되는 이야기에 개입하지 않을수록 상처 줄 다른 방법을 찾으려 한다.

에이미가 이혼한 지 4년 후, 그녀의 엄마는 내현적 나르시시스트인 전 사위로부터 느닷없이 메일을 받았다. 그는 장모를 사랑하고 존경하며, 그녀가 베푼 친절에 항상 감사하다고 말했다. 그리고 그녀가 염려된다고 덧붙였다. 그는 이런 말을 해야 해서 굉장히 힘들지만, 딸에 대한 '진실'을 말해줘야겠다고 했다. 그는 에이미가 돈 때문에 엄마를 어떻게 이용했는지, 어떻게 아이들 돈을 따로 모아두고 몇 년간 장모에게 거짓말을 했는지 적었다. 에이미를 신뢰해서는 안 되는 사람으로 묘사한 방대한 메일이었다. 내현적 나르시시스트 전남편은 실은 4년 넘게 장모와 대화를 해본 적이 없다. 그는 분명히 장모에게 관심이 없었다. 단지 에이미에게 접근하려는 그의 교활한 방법이었다.

하지만 에이미는 더욱 확고한 경계를 세우며 점점 더 강해졌다. 그녀는 더 이상 쉽게 조종당하지 않았다. 그는 에이미를 사랑하는 사람들과의 관계를 끊어서 그녀에게 상처를 주려고 했다. 그는 에이미에 대한 통제력을 잃었고 그 이메일은 통제권을 유지하려는 하나의 시도였다. 일반적인 사람은 관계에서 벗어나 나아가지만 내현적 나르시시스트는 그렇지 않다.

내현적 나르시시스트를 친절하고 사랑스러운 사람이라고 경험한 피해자의 가족과 친구들도 헷갈릴 것이다. 그들도 내현적 나르시시스트의 거짓말에 속고 조종을 당했다. 내현적 나르시시스트는 많은 사람에게 영향을 끼친다. 그들이 전 배우자라면 파급 효과는 끝이 없다. 부모, 형제자매, 가까운 친구들에게도 영향을 끼친다. 그들이 부모라면 당연히 아이들에게 막강한 영향을 끼칠 것이다.

## 돈

내현적 나르시시스트는 당신이 불안하고, 취약하며, 겁먹기를 바란다. 그들은 대개 당신을 통제하는 방법으로 돈을 사용한다. 정상적인 사람은 이혼 과정에서 대체로 공정하려고 노력한다. 내현적 나르시시스트는 가능한 적은 금액을 주고, 심지어 가능한 한 빨리 피해자로부터 돈을 뽑아내려고 한다. 나는 모든 피해자에게서 이 현상을 공통으로 보았다. 돈은 그들이 피해자를 통제하고 처벌하는 가장 강력한 방법 중 하나이다. 내가 인터뷰한 많은 여성이 전업주부이거나 수입이 적었고, 내현적 나르시시스트 남편이 가족의 주요 생계를 담당했다. 이러한 불균형 때문에 그들의 생존이 내현적 나르시시스트로부터 받는 경제적 지원에 달려 있었다.

내현적 나르시시스트는 당신이 돈 때문에 자신에게 의존하는 것을 잘 알고 있고, 기회가 있을 때마다 그 무기를 휘두른다.

모든 예금을 다른 은행 계좌로 이체하여 당신이 계좌에 접근할 수 없도록 한다. 당신은 이때가 그들의 통제와 조종에 가장 취약한 때이다. 그들은 당신을 포로로 삼고, 당신은 그들 없이는 살아남을 수 없다. 일반적으로 자녀를 책임지는 사람은 피해자이다. 내현적 나르시시스트는 피해자가 받아야 할 돈을 지급하지 않기 위해 갖은 수단을 사용한다. 그들은 협박과 괴롭힘 전술을 동원하고, 피해자의 동정심을 이용해 농락한다.

조앤은 25년 넘게 함께 살아온 남편이 자신을 조종해왔다는 사실을 믿기 어려워했다. 그녀는 남편이 내현적 나르시시스트일지도 모른다는 사실을 깨달은 후, 나르시시즘을 공부하기 시작했다. 중재 전날 밤, 남편은 그녀에게 이메일을 보냈다. 그는 자신의 건강을 걱정해달라고 부탁하고(사실 그는 건강했다), 조앤에게 오랫동안 지원할 생각이 없다고 말했다. 그는 많은 스트레스를 받고 있으니, "조정할 때 내 생각도 좀 해줘"라고 호소했다. 그녀는 이메일을 읽고 깊은 불안을 느꼈다. 무엇을 해야 할지, 어떤 생각을 해야 할지 몰랐다. 지원이 없다면 그녀는 노숙생활을 해야 했다. 몇 년 동안 전업주부로 살았고 재산도 없었기 때문에, 그의 월급이 그녀의 전 재산이었다. 그녀는 수년간 아이들을 키우며 최저 임금으로 일했으므로 이제 처음부터 다시 시작해야 했다. 아르바이트를 하긴 했지만 자립하기 위해서는 시간이 필요했다. 그녀는 당황했지만 그를 힘들게 하고 싶지는 않았다. 여전히 그를 사랑했고, 자신을 신경 써주는 좋은 사람이라고 생각했기 때문이다.

조앤은 변호사에게 이메일을 전달하고 대응 방법에 대한 조언을 구했다. 그러자 변호사는 "뭐라든 상관없어요"라는 답장을 보냈다. 조앤은 조정 초기에 변호사를 만났을 때 "'뭐라든 상관없다'는 말이 무슨 뜻인가요?"라고 물었다. 변호사는 "그의 이메일은 너무 기만적이에요"라고 답했다.

"정말요? 나는 그렇게 안 보이는데, 좀 더 설명해주세요."

그녀의 변호사는 이메일을 열어 조앤이 눈치채지 못한 점을 지적하기 시작했다. "모든 문단이 동일한 패턴이에요. 먼저 당신을 칭찬하고, 그다음에는 얕보고, 마지막에는 불쌍한 말로 끝나요. 다음 문단도 마찬가지예요. 먼저 당신을 칭찬하고, 그다음에는 무시하고, 마지막에는 또다시 불쌍한 말로 마무리

되고. 마지막 문단도 마찬가지죠. 칭찬하고, 그다음에 무시하고, 결국 불쌍한 말로 끝나요. 다음 문단도…"

조앤은 믿을 수 없었다. 그녀가 이메일을 다시 읽었을 때 깜짝 놀라 얼어붙고 말았다. 이제 모든 것에 질문을 던진다. '그 사람은 알고 이렇게 한 걸까? 어떻게 모르고도 그렇게 말할 수 있지? 내가 또 뭘 못 보고 지나친 걸까?'

그가 단순히 잔인하기만 했다면 그녀는 그렇게까지 영향을 받지는 않았을 것이다. 그러나 그 잔인함이 친절함과 가장된 취약함과 섞여 그녀의 마음을 가지고 놀았기 때문에 정신을 차릴 수도, 상황을 제대로 파악할 수도 없는 상태가 되어버렸다. 그녀는 여전히 그를 첫사랑이라고 믿고 있었다.

피해자에게는 정말 좋은 변호사가 필요하다. 하지만 많은 내현적 나르시시스트가 모든 권한과 재정적 통제권을 쥐고 있기 때문에, 많은 생존자가 좋은 변호사를 선임할 여유가 없는 상황이다. 만약 변호사를 선임할 수 있는 여유가 있다면 나르시시즘에 대한 교육을 받은 변호사를 찾는 것이 중요하다. 피해자를 이해하고, 상대방의 속임수에 넘어가지 않으며 괴롭힘을 방지할 수 있는 전문가가 필요하다. 비용이 문제라면 법적 문제와 조언을 지원하는 유용한 비영리 단체들이 많다. 예를 들어, 어떤 여성은 자신이 살고 있는 지역 단체와 협력하여 수천 달러를 절감했다. 또 지원 그룹에 가입하고 재정적인 문제에 다른 사람들의 조언을 구하는 것도 좋다. 많은 이들이 당신과 같은 상황을 겪었으며, 귀중한 정보와 통찰력을 제공해줄 것이다.

## 변호사 / 조정위원 / 판사

나는 변호사가 아니므로 법적 조언을 줄 수는 없다. 그러나 내현적 나르시시스트와의 이혼 과정에서 도움이 되었다는 다른 이들의 이야기를 공유하고 싶다.

법정에 가면 내현적 나르시시스트가 변호사, 조정위원, 판사의 마음을 사로잡으려 할 것임을 염두에 두어야 한다. 그들은 자신이 자녀를 정말 아끼고 법을 준수하는 선량한 사람으로 보이려고 할 것이다. 바로 이런 이유로 조정 과정에 함께 가줄 내현적 나르시시스트의 연기력을 꿰뚫어 보는 좋은 변호사나 신뢰하는 친구가 필요하다.

이 시기는 당신에게 굉장히 감정적이고 불안한 시간이기 때문에 정신을 똑바로 차릴 수 있도록 지지해줄 누군가가 있다면 큰 도움이 된다. 당신의 세상은 무너지고 있고, 사랑하는 사람은 당신을 쓰레기처럼 대하며, 정작 당신은 자신과 자녀를 어떻게 부양해야 할지 두려움으로 가득 차 있다.

내현적 나르시시스트는 조정이나 여러 미팅 중에 당신을 도발할 것이다. 그들은 어떤 말을 해야 당신이 당황하고 너덜너

덜하게 되어 똑바로 생각할 수 없게 되는지 잘 알고 있다. 당신이 발끈할 만한 말을 직접 하거나 조정위원이 하도록 만들 것이다. 그들은 당신이 미친 사람처럼 보이길 바란다. 자신은 차분하고 안정적인 사람으로 보이기를 원하는데, 그래야 판사나 조정위원이 자신의 뜻대로 진행해줄 것이기 때문이다. 조정에서 내현적 나르시시스트를 볼 수 없도록 세팅되었는가를 확인하는 것도 좋다. 영향을 받을 수 있으니까. 조정위원은 양 측의 방을 오가며 중재를 진행할 수 있다.

경제적인 문제가 해결된 후에도, 내현적 나르시시스트는 지원 기간이 끝날 때까지 몇 년에 걸쳐 계속 피해자를 찾아올 가능성이 높다. 예를 들어, 샤를린이 사는 주에서는 그녀의 내현적 나르시시스트 전남편에게 아들이 열아홉 살이 될 때까지 양육비를 지급하도록 했다. 아들은 고등학교를 조기 졸업하고 열일곱 살에 대학에 입학했다. 내현적 나르시시스트는 샤를린을 쫓아와 법적 양육비를 그녀에게서 빼앗았다. 왜냐하면 아들이 대학에 들어가 그녀와 함께 살지 않기 때문에 더 이상 양육비가 필요하지 않다고 판단했기 때문이다. 하지만 그녀는 등록금을 포함한 모든 대학 비용을 지불하고 있었다. 아들에게 차도 사주었다. 그녀는 아들의 청구서를 전부 지불하고 있었고, 아들은 주말과 공휴일에 그녀를 방문하러 집에 왔다.

그 내현적 나르시시스트는 샤를린으로부터 아들에 대한

모든 양육비를 가져가는 데 성공했다. 그는 아들이 대학을 다니는 데 어떤 비용도 지불하지 않았으며, 아들에게 샤를린이 돈만 원하는 교활하고 통제적이며 물질주의적인 엄마라고 헐뜯었다. 몇 달 후, 아들은 대학을 그만두고 다시 엄마와 함께 살게되었다. 그녀는 양육비가 없는 상태에서 계속해서 그를 돌보고, 학자금 대출을 갚고, 식료품 비용을 지불하는 등 모든 지출을 감당했다. 이런 모습이 생존자들의 특징이다. 그들은 무슨 일이 있어도 자녀를 돌보는 사람들이다. 내현적 나르시시스트와 정반대다.

법적 절차는 벅차고, 겁나고, 압도당하는 느낌이 든다. 그러니 꼭 지원을 받아야 한다. 당신은 이 경험을 통해 성장할 것이며, 당신이 갖고 있는 줄 몰랐던 내면의 힘을 느낄 것이다. 갈수록 도발에 덜 반응하게 되고, 당신과 자녀를 위한 결정을 내리는 일이 더 쉬워진다.

당신은 극복할 것이다. 시간은 흘러간다. 당신은 공부를 하고, 지원을 받고, 믿을 수 없을 만큼 강해질 것이다. 이 기간 동안 더할 나위 없이 자신을 잘 돌봐야 한다.

### 자녀 이용하기

내현적 나르시시스트는 당신이 가장 큰 상처를 받고 영

향을 받으리라 생각하는 모든 것을 이용하기 때문에, 자녀를 당신에게 불리하게 이용할 것이다. 그들은 이 행동이 아이들에게 어떤 영향을 미치는지는 신경 쓰지 않는다.

어떤 내현적 나르시시스트들은 매우 미묘한 방식으로 자녀와 대화를 하면서 상대 배우자를 향한 의심의 씨앗을 심는다. 아이들이 자랄수록 조종은 더욱 은밀해진다. 내현적 나르시시스트는 자식과 배우자를 서로 대결하게 하고, 그들 중 누구도 추동자가 누구인지 알아차리지 못하는 삼각 관계화의 이간질도 한다. 그들은 자녀를 담보로 사용한다. 자녀도 내현적 나르시시스트의 에너지 공급원이며, 갈등을 일으키지 않고 자신을 착하고 순진한 사람이라고 생각하는 자식과는 잘 지낸다.

내현적 나르시시스트는 법적 관계자들이나 날아다니는 원숭이들에게 마치 자녀를 진심으로 걱정하는 것처럼 이야기하지만, 그들의 행동은 결코 말과 일치하지 않는다. 그들은 설득력 있고 진실해 보여서 판사, 조정위원, 변호사들은 그들이 그린 거짓 그림을 믿곤 한다.

내현적 나르시시스트는 자녀와 관련된 문제를 이용하여 상대방의 삶을 어렵게 할 것이다. 메리의 내현적 나르시시스트 남편은 딸이 특정 학교에 가야 한다고 고집을 부렸다. 그는 변호사를 고용하고 메리에게 중재인을 만나도록 명령한 후, 변호사와 중재인을 설득하여 딸을 학교에서 빼내어 다른 학교로 보냈다. 그는 상황 파악도 하지 않았다. 학교에 대해 아무것도 모르고 딸에게 전혀 관심도 없었다. 이것은 그가 메리를 통제하고, 그녀가 가능한 한 많은 스트레스를 겪도록 하는 방법일 뿐이었다. 반면에 메리는 학교에 직접 방문해 교장 및 교사들과 회의를 하는 등 지역 학교들을 알아보았다. 그녀는 딸을 돌보고 딸에게 최선을 다하고 싶었다. 전남편은 그녀를 괴롭히고 중재인에게 자신이 미친 전처를 상대하면서 옳은 일을 하는 책임감 있는 남편이라고 확신시켰다.

이혼은 자녀에게 충격적이고 혼란을 일으킨다. 보통 내현적 나르시시스트와 결혼을 하면 싸움이 그리 많지 않다. 자녀를 포함한 모든 사람에게 그들의 결혼생활은 꽤 완벽해 보인다. 아이들은 자신의 부모가 잘 지낸다고 생각하고 있다가, 피해자 부모처럼 이혼 소식으로 인해 불시에 공격을 받은 듯이 느낀다. 나이가 많은 자녀는 부모의 결혼생활이 그냥 잘 풀리지 않았거나 어울리는 쌍이 아니었다고 생각하기도 한다. 내현적 나르시시스트는 자신의 학대적인 행동을 최소화하기 위해 이 생각을 강화하려고 한다. 그러니까 애당초 부부가 서로 잘 어울리지 않았다는 그림을 그림으로써, 당신이 겪었고 지금도 겪고 있는 트라우마를 아무 일도 아닌 것처럼 최소화하고, 다시 한번 당신으로 하여금 자문하게 만든다.

## 너무 다른 규칙

선의의 사람들은 이혼에 유용한 조언을 줄 것이다. 그러나 명심해야 할 점은 내현적 나르시시스트와 이혼하는 경우 '규칙들'이 다르다는 점이다. 완전히 딴 세상이다. 주변 사람들은 선의로 도움을 주려고 노력하지만, 그들은 자신이 나르시시스트를 이해하지 못한다는 걸 (그리고 이해할 수 없다는 걸) 전혀 알지 못한다.

"전 애인하고 많이 소통하도록 하세요. 그게 아이들한테 더 좋을 거야." 파트너가 건강한 사람이라면 이 말이 맞다. 그런데 이전 파트너가 내현적 나르시시스트라면 그것은 이룰 수 없고, 끔찍한 생각이다. 내현적 나르시시스트는 문제를 해결하거나 일어난 갈등에 대한 조화로운 해결책을 찾는 데 전혀 관심이 없다. 그들은 대화를 통해 당신을 통제하고 조종한다. 그들은 당신을 불안정하게 하고 계속 마음을 종잡을 수 없게 만들려고 할 것이다. 그들은 피해자가 명확하게 보고 생각할 수 없기를 바란다. 자녀가 있는 경우 내현적 나르시시스트와의 의사소통을 최대한 자제하고, 사실에 집중해 감정적이고 사적인 대화를 멀리해야 한다. 양육 계획을 조율하고 그 외의 어떤 대화도 진행하지 않는 게 좋다.

그들은 당신이 사적인 이야기를 하게 만들려고 올가미를

던질 것이다. 이메일과 문자를 통해 도발하려고 할 것이다. 대답하기 전에 시간을 갖고 숨을 내쉬고, 그들이 말하는 사적인 내용은 모두 무시한 채 침착하게 답장을 보내야 한다. 토론이 필요한 사항들에만 집중하고, 답변은 간단하고 요점을 명확하게 유지해야 한다. 그들과 개인적인 대화를 시도하는 것은 쓸데없는 일이며 더 큰 고통만 가져올 뿐이다. 그들은 당신이 이성을 잃기를 원한다. 당신이 불안정해져야 더 많이 통제할 수 있기 때문이다. 굳게 서서 자신을 지켜야 한다. 그들은 당신의 소중한 마음을 볼 자격이 없다. 당신은 당신의 마음을 사랑하고 보호하는 사람들과 함께 있을 자격이 있다. 도움을 받을 수 있는 믿을 만한 친구와 대화하며 사태를 분명하게 이해하고, 사랑이 어떤 모습인지 떠올려보라.

"자녀에게 전 파트너에 대해서 안 좋은 이야기를 절대 하지 않도록 하세요." 이 말은 일면 사실이다. 자녀에게 화풀이하거나 도움을 요청해서는 안 된다. 아이들은 부모의 친구가 아니니까. 그들은 상담사가 아니라 당신의 자녀이다. 당신이 화가 났을 때 내현적 나르시시스트 아빠, 엄마를 향한 욕을 쏟아내지 않도록 해야 한다. 이를 위해서는 엄청난 자제력이 필요하지만 입을 다물고 있을 만한 가치가 있다. 쏟아낼 사람이 필요하다면 친구에게 전화를 하라.

그렇지만 부모로부터 어떤 행동이 옳지 않다는 말을 들

는 것이 자녀에게 도움이 될 때가 있다. 내현적 나르시시스트 배우자가 당신에 대해 나쁘게 말하면, 그런 행위가 용납돼서는 안 된다는 사실을 자녀는 알아야 한다. 내현적 나르시시스트 부모가 아이의 자존감에 영향을 미치는 말을 한다면, 그것도 옳지 않음을 알려줄 필요가 있다. 당신은 아이들이 존중받을 가치가 있음을 알려줌으로써 잘못된 정보에 대처할 수 있다. 사랑이 어떤 모습이어야 하는지 아이들에게 가르쳐주면, 아이들은 건강하지 않은 행동을 인식하고 사랑을 선택하며 성장할 수 있다. 이런 과정은 아이들이 건강한 사람이 되고, 그들을 진정으로 사랑할 파트너를 선택하는 데 도움이 될 것이다.

대부분의 이별에는 상처받은 감정과 분노가 서려 있다. 대개 시간이 지나면 상황이 진정되지만, 내현적 나르시시스트는 그렇지 않다. 이혼이 마무리되고 몇 년이 지난 후에도 그들은 계속 당신의 평판을 더럽히고 통제하고 조종하며 무시하려 한다. 특히 당신이 이혼 소장을 낸 사람인 경우에는 더 그렇다. 이는 내현적 나르시시스트로 하여금 거의 극복할 수 없는 '나르시시스트적 상처'라는 것을 만들기 때문이다. 그들 자아에 대한 어떤 위협이든 그 상처를 돋우며, 결국 끊임없는 복수가 계속된다. 이런 모습이 바로 나르시시스트이며, 그것은 당신과 아무런 상관이 없다. 당신이 할 수 있는 가장 좋은 일은 치유하고 진실을 배워서 그들의 겉모습을 꿰뚫어 보는 것이다. 당신이 강해질

수록 그들이 당신에게 미치는 영향은 줄어들 것이다.

## 사람 미치게 만드는 대화

버림 단계에서 내현적 나르시시스트와의 대화는 괴상하고, 길을 잃어 왔다 갔다 하고, 우스꽝스럽기도 하다.《연인인가 사이코패스인가》의 저자 잭슨 맥켄지는 이러한 대화를 '이말 저말 대잔치word salad'[특정 주제나 의미 없는 단어들이 무작위로 나열되어 지옥의 대화를 이끄는 것]라고 부른다.

"사이코패스(사이코패스와 나르시시스트에겐 비슷한 특성이 있다)는 당신의 마음을 사로잡기 위해 이말 저말 대잔치를 자주 한다. 기본적으로 그것은 갈등, 혼돈, 불화, 강한 불쾌감이 느껴지는 대화이다. 사실 그들은 뭔가 말을 하는 것이 아니라 당신에게 그냥 지껄이는 것이다. 그들의 터무니없는 문장, 말에 당신이 반응하기도 전에 그들은 이미 다음 말을 하고 있다. 당신은 머릿속이 빙빙 돌며 정신을 못 차리게 된다."

그들이 당신에게 말하는 것들은 일부 사실, 노골적인 거짓말, 괴상한 결론, 해괴망측한 사고, 쏟아지는 모욕, 칭찬, '안쓰러운 나'라는 선언, 우월주의적 사고가 혼합되어 있다. 그들은 위에서 내려다보는 젠체하는 태도로 말을 한다.

## 우울증

    내현적 나르시시스트는 가차 없이 학대한다. 당신이 어려움에 처하면 도움을 주는 것이 아니라, 일말의 후회나 양심의 가책 없이 당신을 더 짓밟는다. 그들은 피해자를 아무것도 받을 자격이 없는 길거리의 쓰레기처럼 대하기 때문에 피해자의 자아상과 자존감은 크게 훼손된다. 데니스는 내게 이혼 과정 중에 쓴 최근의 기록을 용감하게 공유했다.

    "더 이상 여기 있고 싶지 않다. 이곳에는 아무것도 남아 있지 않다. 내게 남은 게 아무것도 없는 것 같다. 내가 목숨을 끊어도 아이들은 괜찮을 것 같다. 잠시 슬프겠지만 곧 나아질 것이다. 나는 더 이상 버틸 수가 없다. 너무 고통스럽다."

    데니스와 같은 피해자는 똑바로 생각할 수 없는 큰 낙담의 시기를 경험한다. 쉴 새 없이 쏟아지는 언어적, 정서적 학대에 타격을 받는다. 내현적 나르시시스트를 상대하는 일은 피해자로 하여금 살 의지를 잃게 한다. 데니스는 이혼을 통해 살아갈 의지를 찾았다. 그녀는 비로소 아이들이 괜찮지 않았음을 알게 되었다. 그녀는 자살하지 않은 것을 매우 안도하며, 현재 자신의 삶을 다시 꾸리고 있다.

만약 당신이 이런 절망을 느끼고 있다면, 혼자가 아니라는 점을 꼭 알았으면 한다. 하루하루 차근차근 살아가야 한다. 매일 아침 일어나고, 친구한테 전화를 걸고, 지원 그룹을 찾아가야 한다. 자연 속에서 시간을 보내라. 자신에게 친절하라. 지나갈 것이다. 당신은 상상조차 하지 못한 더 많은 힘, 사랑, 연민으로 극복할 것이다.

당신은 나르시시스트 학대의 영향에 노출되어 있다. 이것은 결코 당신 잘못이 아니다. 내현적 나르시시스트가 내뱉는 한 단어도 믿지 말라. 그 어떤 것도 사랑에서 비롯된 것이 아니기 때문이다. 지금 당신에게 필요한 것은 엄청난 사랑이다. 당신을 진심으로 알고 사랑하는 사람들과 함께하고, 학대자가 아닌 이들의 말에 귀를 기울여라.

## 축하를 전하며

만약 당신이 먼저 이혼을 신청했다면, 옳은 일을 했는지 의구심이 들거나 수치심을 느낄 수도 있을 것이다. 하지만 당신이 한 일은 엄청난 용기와 힘이 필요했다는 사실을 기억하길 바란다. 당신은 학대를 멈췄다. 스스로를 지켰다. 자신을 존중하기로 선택했고, 아이들과 주변 사람들에게 강력한 모범을 보였다. 모든 형태의 학대는 잘못된 것이며, 누구에게라도 더 이상

216

용납되어선 안 된다. 당신은 용감한 길을 선택했다. 당신이 한 일은 정서적인 강단, 회복탄력성, 결단력이 필요했다.

서류를 제출함으로써 당신은 **더 이상**은 아니라고 선언한 것이다. 더 이상의 깎아내리기, 더 이상의 비하, 더 이상의 건강 문제, 더 이상의 성적 혼란, 더 이상의 심리적 괴로움도 없다. 더 이상의 거짓말, 통제, 모욕, 무례함도 없다. 당신은 사랑을 위해 일어섰다. 당신의 마음, 정신, 몸을 보호하기 위한 선택을 했다. 그 일을 함으로써 당신은 자신도 모르게 다른 사람들에게 용기를 주었다.

당신은 엄청나게 강하다. 당신과 당신이 한 일에 경의와 존경을 보낸다.

# 10

# 그들은 왜 정서적, 심리적으로
# 다른 사람을 학대할까?

나는 많은 지원 그룹 모임에 참석하고 팟캐스트를 듣고, 내현적 나르시시스트들이 다른 사람을 정서적, 심리적으로 학대하는 이유를 밝힌 논문과 책을 찾아 읽기도 했다. 그 이론 중 일부는 다음과 같다. 그들은 어린 시절 학대를 받아 다른 사람에게 해를 끼친다. 그들은 자기 자신을 미워한다. 어린 시절의 욕구가 충족되지 않았다. 그들은 사람을 사람으로 보지 않는다. 자기 자신을 너무 과도하게 사랑한다. 우월감을 느끼고 싶어 한다. 그들은 어린 시절 인정받지 못하고, 오해받고, 트라우마를 겪었던 일에 지금 반응하고 있다. 그들은 자라면서 사랑받지 못했다. 어렸을 때 오냐오냐 자랐고 이상화되었다. 팽창된 자아감과 자기부정 사이에서 혼돈의 메시지를 받으며 자랐다.

내가 개인적으로 내린 결론은 이렇다. 우리는 그들이 왜 학대를 하는지 확실하게 알지 못하며, 사실 그 이유가 별로 **중요하지 않다**는 것이다.

내가 이렇게 말하는 이유는, 피해자가 자신의 삶에서 만난 내현적 나르시시스트를 이해하려고 너무 많은 시간과 에너지를 소비함으로써 자신의 빛을 발산할 기회를 놓치는 모습을 무수히 많이 보았기 때문이다.

첫 단락에 나열된 많은 이유가 사실일 수 있다. 당연히 사람이 어떤 행동을 하는 그 이유가 무엇인지, 이면의 심리를 배우는 것은 사회에 이롭고 도움이 되기도 한다. 만약 그런 방법이 당신에게 유용하고, 치유를 받고, 내현적 나르시시스트로부터 분리될 수 있다면 그렇게 해도 괜찮다. 당신의 몸은 무엇이 가장 효과적인지, 강해지기 위해 무엇이 필요한지 알고 있다. 하지만 내현적 나르시시스트가 왜 당신을 그런 식으로 대하는지 알아내려고 애쓰다가 지쳤다면, 이제 그 여정을 그만두어야 할 때이다. 당신은 치유에 주력하고 스스로를 강하게 만드는 데 집중해야 한다.

피해자는 너무 배려심이 깊은 사람들이라 다른 사람에게 초점을 맞추며 자신의 삶을 보내기 쉽다. 내현적 나르시시스트와 결혼한 지 25년이 된 한 남성은 전처가 상처받고 사랑이 필요해서 자신을 함부로 대했다고 믿으며, 여전히 전처에 안타까움을 느끼고 있었다. 그는 다정한 마음을 지닌 특별하고 똑똑한 남자로서 그녀로부터 벗어나기 위해 애쓰고 있다.

나 자신도 매우 배려심이 깊은 사람이며, 사람들을 상처받은 존재로 보고 있다. 우리 대부분은 그렇다. 나도 사람들이 하는 행동의 이유를 알고 싶지만, 유독 피해자가 그 이유를 알아내려는 미션에 몰두하는 경향을 발견했다. 이는 초점을 비껴가는 것인데, 나르시시스트가 스스로 치유하거나 앞으로 나아가지 못하게 만든다. 우리는 학대자가 상처받은 피해자라는 생각에 사로잡혀 그들의 행동에 책임을 묻지 않기가 쉽다. 그러나 명심하라, 그들에게는 자유의지가 있다. 그들도 우리처럼 선택권이 있다. 그들은 무력하지 않다. 그들도 자신의 행동을 개선할 수 있었다.

피해자는 오랜 세월 내현적 나르시시스트의 폭력적인 행동을 어떻게든 해명하려 해왔다. 그중 일부는 다음과 같다.

- "그는 힘든 어린 시절을 보냈답니다."
- "그녀에게는 좋은 엄마가 없어서 사랑하는 법을 몰라요."
- "그 남자는 폭력적인 아버지 밑에서 자라서 모범적인 사랑의 모습을 배우지 못했다고 했어요."
- "그는 상처를 입었기 때문에 내게 상처를 가하고 있는 거예요."

- "그는 단지 겁을 먹었을 뿐이에요. 그의 분노 이면은 두려움이에요."
- "그녀는 피곤하고 스트레스를 많이 받고 있어요."
- "그 사람은 불안해요. 그러니까 저를 이렇게 대하는 거죠."

그들의 상처 주는 행동에 이유가 있어서 그렇다고 해명하는 것은, 당신을 계속 학대적인 관계에 놓이게 하고, 그들의 비난받아 마땅한 행동에 온전한 책임을 회피하게 만든다. 이제 우리는 개인적으로나 사회적으로 학대 행위를 이해하려 하기보다 대처할 때이다.

우리는 모두 어린 시절의 영향을 받는다. 문제는 상처받은 모든 사람이 학대를 하지는 않는다는 점이다. 내가 아는 가장 친절한 사람 중에는 신체적, 정서적으로 학대받은 경험이 있는 사람들이 있다. 또 어린 시절에 여러 가지 수준에서 끔찍한 트라우마를 겪었지만 나르시시스트가 되지 않은 많은 사람을 알고 있다. 그들 대부분은 타인을 존중하는 마음으로 대한다. 그들이 이 세상을 더 나은 곳으로 만든다.

나르시시스트가 학대를 하는 이유가 무엇이든, 진실은 내현적 나르시시스트는 다른 사람들의 삶을 망치는 불량한 사람들이며, 이는 옳지 않다는 사실이다.

그들이 어린 시절 상처 때문에 그런 행동을 한다고 가정해보자. 이것이 다른 사람들이 나르시시스트의 샌드백이 되어도 괜찮다는 말인가? 피해자가 학대를 받아줌으로써 그들이나 누구에게라도 도움을 주고 있는가? 아니지 않은가, 절대 그렇지 않다.

대부분의 내현적 나르시시스트는 도움을 받는 데 관심이 없다. 그들은 치유에 관심이 없고 자신에게 문제가 있다고 생각하지 않는다. 그래서 우리가 그들이 왜 그런지를 알아내려고 수많은 시간을 쓰는 것은, 그들에게나 우리에게나 도움이 되지 않는다. 왜냐하면 정확한 이유를 알 방법이 없기 때문이다. 시간을 투자하는 우리만 더 지칠 뿐이고, 우리가 그동안 겪은 일을 고려하면 절대 하지 않아야 할 행동이다.

이제 그들 자신의 문제와 감정을 그들 스스로가 책임지게 할 때이다. 당신은 그들 행동에 책임이 없다. 비록 그들이 당신에게 책임이 있다고 말할지라도 당신은 그들 감정에 책임질 필요가 없다. 그들이 스스로 치료하도록 놔두거나 다른 사람에게 치료받게 한다고 해서 당신이 나쁜 사람이 되는 것은 아니다. 우리는 누군가로부터 학대를 받기 위해 여기에 있는 것이 아니다. 우리가 그들의 행동 이유를 더 이상 파헤치지 않을 때 비로소 그들을 놓아줄 수 있다. 그러면 우리에겐 자신만이 남게 되는데, 처음에는 외로움을 느낄 수 있다. 우리는 진심으로 그들을 사랑했고, 그들과 함께한 경험이 너무나 익숙하기 때문이다.

그러나 내면으로 들어가 자신의 상처받은 마음을 돌보면 돌볼수록 우리는 더 강해지고 더 많은 평화를 느끼게 된다. 삶이 새로운 느낌으로 다가오며, 우리 같은 사람들, 즉 진정으로 사랑하는 사람들을 발견할 수 있다.

'왜'라는 드라마를 놓아버릴 때 우리는 자유와 온전함에 한 걸음 더 가까워진다.

### 그들의 학대 행동은 의식적일까 무의식적일까?

많은 생존자는 부분적으로 인지부조화 때문에 이 질문을 궁금해한다. 이에 대해서는 치유를 다룬 '14장'에서 조금 더 설명하겠다. 자신을 사랑한다고(사랑했다고) 생각한 누군가가 의식적으로 자신을 학대하고 있다고 상상하기는 너무나 어렵다. 내 생각에는 이 질문에 명확한 답은 없다. 내가 아는 어떤 내현적 나르시시스트는 무의식적이고 순진한 경향이 있는 반면, 어떤 내현적 나르시시스트는 사악하고 음흉하다.

그들은 의식적이지 않은 면이 있다. 왜냐하면 그들은 의식적으로 살지 않기 때문이다. 그들은 진실된 자아와 연결되어 있지 않다. 그들은 자신, 영혼의 정체성을 잃었다. 그들은 껍데기일 뿐이다. 그러나 판단하기, 비판하기, 조종하기는 의식적인 행위이다. 그들이 당신을 질투하면 할수록 그들은 당신을 더 폄하한다. 깎아내리고 비하하기는 의식적인 행동이다.

누군가를 조종할 때 자신이 무엇을 생각하는지 정확히 설명하는 공공연한 나르시시스트들이 있다. 그들은 자신이 무엇을 하고 있는지 완벽하게 알고 있다. 나는 대부분의 내현적 나르시시스트는 우리가 상상하는 것 이상으로, 자신이 무엇을 하고 있는지 더 의식적으로 자각하고 있음이 틀림없다고 생각한다. 우리가 그들을, 그들이 원하는 대로 오랜 시간 보아왔기 때문에 우리의 뇌가 이를 받아들이기 어려울 뿐이다.

# 11

# 그 모든 것 중에서도
# 가장 위험한 특성

내가 우리 사회 전반에서 가장 우려하는 점 중 하나는 공감 능력이 결여된 사람들이 늘고 있다는 사실이다. 지난 20년 동안 이 현상이 더욱 심해진 것 같다. 세계가 여러 면에서 점점 발전하면서도 우리는 가장 중요한 것을 잃어가고 있다. 당신은 아픔을 직접 경험했기 때문에 이 점을 누구보다 잘 이해할 것이다. 당신이 겪은 고난으로 인해 당신은 이 세상에 매우 귀중한 존재가 되었다. 당신은 많은 이들에게 없는 통찰을 갖게 되었다.

국가를 운영하는 정치 지도자 중 상당수는 공감 능력이 부족하며, 이는 모든 일에 영향을 미친다. 내가 사는 미국에는 두 주요 정당이 있다. 나는 공화당과 민주당 모두에서 내현적 나르시시스트와 외현적 나르시스트를 본다. 정치 지도자들의 결정뿐만 아니라 거대 기업 총수들의 결정도 우리 모두에게 영향을 끼친다. 공감이 없는 장소에서 내려진 결정이라면 그 결과는 당연히 좋지 않다. 리더십에 공감이 없을 때, 인류와 인류를 먹이고 쉼터를 제공하는 지구 대신 돈과 지배력이 우선순위로 매겨지는 결정들이 이루어진다.

공감 능력이 없는 사람들은 후회가 없고 이기심으로 행동하고, 다른 사람들에게 해를 끼치면서도 그것을 나쁘다고 생각하지 않는다. 그들은 자신의 파괴적 행동을 변명하고 타인을 비난한다. 내현적 나르시시즘은 우리 주변 어디에나 존재하여 우리의 자아상과 자존감에 영향을 미친다. 기업도 마찬가지다. 기업은 우리가 충분히 아름답지 않다는 메시지를 주면서 상품을 광고하고, 그들 제품을 사면 더 예뻐지고 더 받아들여질 거라고, 오로지 기업 이익을 위해 가스라이팅하고, 비하한다. 친절과 존경으로 대하지 않는다.

개인적 수준에서든 직업적 수준에서든, 어떤 사람이 공감 능력이 없다는 것은 그들 자신과 영혼이 분리되어 있다는 의미이다. 우리의 영, 우리의 혼이 생명의 힘이다. 이것이 우리를 이끌고 목적과 의미를 부여하며 사랑과 치유로 이끈다. 그것이야말로 우리의 진정한 정체성이고, 우리를 온전한 사람으로 만든다.

최근 영국에 갔을 때, 나는 윈저성 앞 하이 스트리트를 걷고 있었다. 그렇게 마음이 내키지는 않았지만 아무튼 구경을 하고 있었다. 여행을 떠나기 직전, 살면서 만난 내현적 나르시스트 중 한 명이 내가 사랑하는 사람들에게 나의 이름을 더럽히고 있다는 소식을 들었다. 그것은 큰 충격이었고 나를 가벼운 우울 상태로 몰아넣었다. 다른 수백 명의 관광객과 함께 가게와 식당이 즐비한 분주한 보도를 걸으면서도 무감각했다. 나는 여러 종류의 동전이 담긴 용기를 앞에 두고 땅바닥에 앉아 있는 여성 노숙자를 지나쳤다. 그러자 사람들의 흐름 속에서 무언가가 나를 멈추게 했다. 뒤돌아 몇 걸음 뒤로 가서 "옆에 앉아도 될까요?"라고 물었다. 그녀는 별스러운 요청에 놀란 듯 나를 올려다보며 "그럼요!"라고 대답했다.

잠시 그녀 곁에 앉았다. 나는 그녀에게 어떻게 노숙자가 되었는지 물었다. 그녀는 웨스트 런던에서 자랐고, 학대하는 아버지에게 쫓겨난 이후로 거리에서 생활하게 되었다고 한다. 그녀의 몸은 오랜 세월 많은 트라우마를 겪은 것처럼 보였다. 삶에 지친 그녀는 더 이상 노력할 힘조차 남아 있지 않았다. 나는 그녀와 동병상련을 느꼈다. 우리의 길은 서로 달랐지만 나는 쉽게 그녀가 될 수 있었다. 그 순간 그녀 외에는 누구와도 이야기하고 싶지 않았다.

거기 앉아 지나가는 행인들을 바라보면서, 여러 다른 대륙 출신의 수백 명의 사람이 매일 이 여성 옆을 지나가면서 그녀를 돕기 위해 뭔가를 하기보다, 언젠가는 버릴 쓸모없는 물건들을 고르는 세상에 살고 있다는 사실이 슬펐다. 우리가 다른 사람의 고통에 무감각해지는 세상에 살고 있다는 사실이 괴로웠다. 나는 이 세상의 일부였고, 저 멀리 지나쳐가는 사람들 중 한 명이었다.

　　오랜 대화를 마치고 약간의 돈을 드리고 포옹을 해도 괜찮은지 물었다. 그녀는 약간 웃음을 띠었다. 나는 그녀를 안고 말했다. "정말 미안해요. 지금 당신의 삶이 얼마나 힘들지 알 것 같아요. 오늘 당신에게 많은 사랑을 전합니다." 그녀도 나를 껴안고 "친절하게 대해줘서 고마워요"라고 말했다. 공감이 이 세상을 바꾼다. 공감이 치유를 가능하게 한다. 공감이 서로가 연결되도록 하고, 진정으로 중요한 것을 볼 수 있게 한다.

　　누군가가 공감 능력이 없다면, 그것은 마치 내면에 검은 구멍이 있는 것과 같다. 내면에 생명의 따뜻한 불꽃이 없다는 말이다. 결과적으로 그들은 석양의 신비로움, 진정한 연결감, 진정한 사랑의 초월적 경험을 결코 온전히 느낄 수 없다. 공감 능력이 없는 사람은 생존 모드에 있다. 그들은 다른 사람들의 에너지를 빨아먹는데, 그들에게는 공감할 수 있는 에너지가 없기 때문이다. 그들은 생명력 있고, 연결감을 느끼며, 진짜 사랑을 아는 사람들을 찾아내어 자신의 에너지 공급원으로 삼아 그것들

을 빼먹는다. 바로 이것이 당신 삶에 있는 내현적 나르시시스트
가 당신을 선택한 이유이며, 그들이 재빠르게 다른 사람에게로
옮겨가는 이유이다.

만약 내현적 나르시시스트가 무인도에 혼자 있다면 그들
은 말라갈 것이다. 당신 같은 사람이 그들이 원하는 것을 가지고
있다. 그들은 결코 혼자 앉아서 우리 영혼 안에 깃든 평화를 느
낄 수 없다. 그들은 생명을 주는 에너지가 없기 때문에, 당신처
럼 내면의 풍요로움을 느낄 수 없다. 이 현실이 마치 황량한 그
림처럼 보일지라도 여기에도 희망이 있다.

당신은 이 행성에 존재하며 공감 능력을 가지고 있다. 당
신은 이 세상에 에너지를 가져오는 빛을 지녔다. 공감 능력 때문
에 나르시시스트의 타깃이 되었기에, 다시는 상처받고 싶지 않
아 이 빛을 숨기고 싶어 할 것이다. 나도 충분히 이해한다. 당신
의 몸을 보호하려는 행동이다.

바로 이것이다. 당신의 영혼은 강하다. 당신은 스스로를
교육하고 있다. 이제 자신의 내적 안내를 믿을 수 있음을 인식하
게 되었다. 당신을 진 빠지게 하는 사람들의 특성을 인지할 수
있다. 두려워할 이유도, 사랑할 이유도 없다. 이 세상에는 당신
의 진가를 알아보고, 당신이 가져오는 빛을 진심으로 감사할 사
람들이 있다. 그들은 당신의 생명력을 빼먹지 않는다. 마음을
열고 그들을 사랑할 때, 당신은 더욱 많은 생명력을 느끼게 될

것이다. 당신의 에너지를 빼앗는 사람들로부터 경계를 강화하는 법을 배우게 될 것이고, 당신의 따뜻한 마음을 감사히 받을 수 있는 사람에게 다가가는 방법을 배울 것이다. 당신의 마음은 더욱 넓어지고, 도전을 해결할 새로운 힘이 당신 안에서 커질 것이다.

당신은 세상을 조금 더 나은 곳으로 만들고 있다. 당신과 함께할 수 있음에 진심으로 고맙다.

**12**

# 피해자의 몸은 알고 있다: 공통 증상들

나는 생존자들과 대화를 나누면서, 내현적 나르 시시스트와 관계를 맺거나 그들에 의해 양육된 상당수가 몇 가지 공통된 질병을 경험한 사실을 알게 되었다.

《몸의 비밀스러운 언어The Secret Language of Your Body》의 저자 이나 세갈은 본인의 저서에서 질병과 신체 상태를 나열한 후, 그러한 증상이나 질병을 일으킬 만한 정서적 원인들을 이야기한다. 나는 나 자신, 나의 아이들, 친구들이 겪은 다양한 증상을 이 책에서 찾을 수 있었고, 그 정확함에 놀라움을 금치 못했다.

우리 몸은 지능적이며 항상 우리에게 말을 건넨다. 의식 전에 몸이 먼저 안다는 사실은 많은 연구를 통해 확인할 수 있다. 말콤 글래드웰의 책《블링크》에서도 한 연구가 나온다. 아이오와 대학의 과학자 그룹이 수행한 실험인데, 과학자들은 피실험자인 학생들 앞에 네 개의 카드 덱을 놓았다. 두 개는 빨간색, 두 개는 파란색이다. 각 카드는 돈을 얻거나 잃게 하는 간단한 도박 게임으로 세팅되었다. 학생들은 가능한 한 많은 돈을 딸 목적으로 한 번에 하나씩, 어느 덱에서든 카드를 뒤집어야 했는데, 학생들이 몰랐던 것은 빨간 덱 쪽이 망하는 쪽이었다는 것이다. 즉 빨간 덱들은 보상이 높지만 지게 되면 큰 손해를 보는 쪽이었고, 파란 덱들은 적당한 이득과 손실로 보다 점진적인 승패를 지니고 있었다. 과학자들은 학생들이 이 차이를 알아내는 데 얼마나 걸리는지 알고 싶었다.

과학자들이 발견한 것은 대략 50장 정도의 카드를 뒤집은 후에 대부분의 학생들이 뭔가 계획이 숨어 있다는 직감을 가지기 시작했다는 점이다. 약 80장 정도 뒤집은 후에는 대부분의 학생이 카드 덱 간의 차이를 알아냈다. 실험은 간단했지만, 하나의 매혹적인 반전이 있었다. 과학자들은 각 학생을 기계에 연결해 손바닥 피부 아래의 땀샘 활동을 측정하고 있었다. 놀랍게도 연구팀은 학생들의 손바닥이 10번째 카드 무렵에서 스트레스 반응으로 땀을 내기 시작했다는 것을 발견했다. 또한 10번째 카드쯤 되었을 때 행동이 변했는데, 본능적으로 빨간색보다는 파란색 카드를 고르기 시작했다. 학생들의 무의식이 의식적인 생각보다 먼저 게임을 이해한 것이다.

당신이 내현적 나르시시스트와 함께 지내는 동안, 당신의 몸은 당신의 의식이 그 사람의 진실과 위장된 학대를 인식하기 전에 이미 알고 있다. 앞의 카드 게임은 간단했지만, 내현적 나르시시스트와 함께 사는 것은 그처럼 간단하지 않고 극도로 복잡하다. 이 실험은 우리가 얼마나 몸의 반응을 믿을 수 있는지를 잘 보여주는 사례이다. 대개 이런 반응은 우울증 같은 신체적, 정신적 질병으로 나타난다.

내현적 나르시시스트와의 관계 속에서 겪은 물리적, 정신적 질병의 종류를 사람들에게 물었을 때, 공통된 증상이 있었다. 그들에게 신체 증상의 정서적 원인을 내가 설명해주길 바라느냐고 묻고, 답을 해주었다. 내가 세갈의 책《몸의 비밀스러운 언어》에서 원인들을 짚었을 때, 생존자들은 자신이 들은 내용에 굉장히 놀라워했다. 어떤 사람은 눈물을 터트렸다. 그들이 관계에서 느꼈던 지점을 내가 정확하게 읽었기 때문이다.

다나는 내현적 나르시시스트와 1년간 데이트를 한 후 심각한 질염에 걸렸다. 당시 몸이 그녀에게 말하고자 했던 점을 들려주었을 때, 그녀는 믿을 수 없어 했다.

- 자기의심
- 산만하고 흐리멍덩하며, 녹초가 되고, 스트레스받고, 갇힌 느낌

- 파트너에게 좌절감을 느낌
- 신뢰하기가 어려움


　그녀는 이 리스트를 들여다보면서, 과거에도 이 모든 감정을 느꼈지만 그는 정말 '훌륭한 남자'였기 때문에 모든 것을 무시하고 합리화했음을 깨달았다. 주변 모든 사람이 그를 사랑했고 끊임없이 그녀가 행운이라고 말했다. 강력한 애정 공세 단계의 함정이 깔려 있어서, 그녀는 내면 깊숙이 느끼고 있던 것보다 겉으로 보이는 것을 더 믿었다. 그녀는 불친절하고 무례한 그의 행동을 변명했다. 그가 자신을 사랑하고 배려한다고 믿으면서 말이다. 몸은 더 잘 알고 있었고, 그녀에게 경고하려 했다. 그녀는 스트레스를 받고 사방이 꽉 막힌 느낌을 받았다. 몸이 그를 신뢰할 수 없다는 걸 알았기 때문에 그녀는 그를 신뢰하는 데 어려움을 겪었다. 하지만 그녀는 자신을 얼마나 신뢰할 수 있는지 알지 못했다.

　제인의 엄마는 내현적 나르시시스트였다. 제인은 어린 나이에 만성 인후염에 걸렸다. 정서적 원인은 분명했다.


- 화, 분노, 상처, 증오
- 열등감
- 내면이 불타고 있음에도 자신을 지킬 방법을 모름

이 모든 것을 제인은 자라면서 느꼈다.

요로 감염은 내현적 나르시시스트와 연인 관계에 있는 여성들에게서 일반적이었다. 정서적 원인은 이렇다.

- 엄청난 죄책감과 두려움을 갖고 있음
- 자신에게 뭔가 문제가 있다는 믿음이 뿌리 깊게 박힘
- 다른 사람들이 자신을 조종하고 통제하도록 내버려둠
- 성적 압박과 수치심

몸은 놀랍다. 몸은 먼저 안다. 몸은 당시 그들이 느낀 모든 것을 고스란히 증명하고 있었다. 인터뷰를 통해 알게 된 다른 증상들에는 섬유근육통, 두통, 불안, 천식, 만성피로가 있었다.

치유 과정의 일부로서 자신을 믿는 법을 배워야 한다. 당신이 내현적 나르시시스트와 함께 있을 때, 바로 이 점이 눌려 있었다. 그들은 거짓말을 하고 조종하지만 사랑스럽고 순진하게 보인다. 이 때문에 몸뿐만 아니라 당신의 감정마저도 믿기 어려웠을 것이다. 그들의 말은 합리적으로 보이지만, 당신 몸은 뭔가 다른 것을 말하고 있었다.

해답은 당신이 진실을 측정하는 가장 분명한 기준이라는 점이다. 당신의 몸은 당신을 돕고 안내하기 위해 여기 있다.

당신이 내현적 나르시시스트와 함께 있을 때 겪었던 모

든 신체 증상을 돌이켜보고 정서적 원인을 가늠해보면, 몸이 얼마나 상상 초월로 영리한지 알게 될 것이다. 당신이 자각하기 전에 몸은 이미 알고 있었다.

# 13

# 생존자의
# 느낌

생존자들이 내현적 나르시시스트와 함께 살 때 느꼈던 감정과, 진실을 알게 된 후 어떤 감정이 들었는지 이야기를 들으며 그들 모두에게서 공통된 두려움, 생각, 감정이 있다는 것을 확인할 수 있었다. 당신의 경험을 확증하고 혼자가 아니라는 것을 기억할 수 있도록 일부를 공유한다.

다음은 내현적 나르시시스트와 함께 지내는 동안 생존자들이 느꼈다고 말한 공통된 감정이다.

- "그는 재미있고, 나는 지루하다고 느꼈어요."
- "정말 아무것도 아닌 쓸데없는 일로 욕을 먹었어요."
- "나와 관련된 일이 그녀를 짜증 나게 하는 것 같았어요."

- "내가 너무 조용하고, 너무 시끄럽고, 너무 의견이 세고, 너무 게으르고, 까다롭고, 너그럽지 않다고 느꼈어요."
- "오랜 시간 억눌려서 숨 막히는 느낌이었어요."
- "온전히 나 자신이 되는 게 어려웠어요."
- "그 사람 옆에 있으면 내가 구차하게 느껴졌어요."
- "불안했어요."
- "내가 쉽게 대체 가능한 물건처럼 느껴졌어요."
- "그는 긍정적인 사람이고, 나는 우울한 사람 같았어요."
- "그녀와 있으면 나는 감정적이고, 민감하고, 너무 지나친 것처럼 여겨졌어요."
- "귀하게 느껴지거나 챙김을 받는다는 느낌이 없었어요."
- "그는 내가 성공하길 원치 않았어요."
- "삶에 대한 자신감, 행복, 기쁨, 흥분이 사라진 기분이 들었어요."
- "내가 실패자인 것 같았어요."
- "내가 그녀를 돌보는 방식이 그녀를 짜증 나게 하는 것 같았어요."
- "내게 너무 많은 문제가 있다고 느꼈어요."
- "사랑받을 자격이 없다고 생각했죠."
- "내가 결코 충분하지 않다고 느꼈어요."
- "그의 인정을 받을 방법이 없다고 생각했어요."

- "자기의심이 엄청 생겼어요."
- "내가 존중받지 않는다고 느꼈어요."
- "자존감이 낮아졌죠."
- "늙고 피곤하고 시들어가는 느낌이었어요."
- "고갈된 기분이었어요."
- "심각한 불안을 느꼈지요."
- "충분히 날씬하거나 예쁘다고 느껴본 적이 없어요."
- "항상 맞지 않는 옷을 입은 것 같았어요."
- "기운이 없고 지친 느낌이었어요."

생존자들이 내현적 나르시시스트 배우자/부모/상사에 대한 진실을 알게 되면서 느낀 점은 다음과 같다.

- "낮은 수위의 우울증."
- "한 번도 느껴본 적 없는 깊은 슬픔을 느끼고, 가끔씩 종잡을 수 없이 울기도 합니다."
- "너무 화가 났어요."
- "나를 지지하는 가족과 친구들이 있어도 외로워요."
- "가끔씩 내가 행복해질 수 있을지 궁금해져요. 웃고 즐거워하는 사람들을 보면서 나도 그런 감정을 가질 수 있을까 생각해요."

- "내게서 아무것도 원하지 않고, 그냥 나를 즐겁게 해주고 진심으로 사랑해주는 관계가 있다는 걸 상상하기가 어려워졌어요."
- "내가 누구를 신뢰할 수 있을지 모르기 때문에 만나는 사람들을 의심하게 돼요."
- "미래가 두렵고, 이 세상을 스스로 헤쳐나갈 수 있을지 확신이 없습니다."
- "엄청난 자기 회의가 들었어요."
- "몇 년간 밤에 숙면하지 못했어요."
- "이 행성을 떠나는 즐거운 상상을 할 때가 있어요. 모든 게 너무 힘들고 더 이상 이곳에 머물고 싶지 않았어요."
- "자신감이 별로 없어요."
- "잘 이해받지 못한다는 기분이 들어요. 친구들에게 그 관계를 설명하려고 입 밖으로 꺼내면, 그게 그리 심각하게 들리지 않는다는 거예요. 그러면 내 자신에게 의문이 들고, 절망감과 외로움이 더 커집니다."
- "집에 자주 있어요. 사람들을 만나고 싶지 않아요."
- "더 이상 '최고로 괜찮은 사람'도 못 믿기 때문에 다른 사람과 데이트하기가 어렵습니다. 건강한 사람을 선택할 수 있을지 제 자신을 믿기도 어렵고. 제가 겪은 모든 일 때문에 제 분별력이 의심스러워요."

- "엄청 과식하고, 그러면 또 기분이 더 안 좋아지고요."
- "뭘 먹고 싶은 생각이 들지 않아요."
- "그는 행복해 보이고, 나는 아직도 무너지고 있는 것 같아서 낙담하고 있어요."
- "다음에 들이닥칠 그의 화가 난 전화, 이메일, 문자 메시지를 내가 대비하고 있는 것 같아요. 저는 PTSD 증상이 있어요. 플래시백, 우울증, 불안, 고립, 정서적 무감각, 과거 사건의 반복적 떠올림, 죄책감과 수치심이 있어요.
- "이 사람 때문에 너무 많은 것을 방해받는 데 익숙해져서, 끊임없이 포탄이 떨어지기를 기다리고 있는 것 같아요."
- "요 전날 전남편에게서 화가 잔뜩 난 이메일을 받았는데, 항상 느껴온 트라우마를 불러일으킨다는 걸 알게 되었어요. 그렇지만 이번엔 더 빨리 떨치고 나아갈 수 있었어요."
- "점점 더 많은 희망을 갖기 시작했어요."
- "더 강해지는 느낌이 들어요."
- "다시 미래를 꿈꾸기 시작하고, 앞으로가 기대돼요."
- "그 관계를 벗어나고 치유의 장을 가질 수 있음에 감사함을 느껴요."

당신은 치유되면서 다양한 감정의 물결을 경험하게 될 것이다. 어떤 날은 낙담할 것이고, 어떤 날은 희망을 가질 것이다. 전진하며 더 강해지고 있다고 느낄 수도 있다. 그러는 중에 과거 그 나르시시스트를 만나거나 그들로부터 이메일이나 전화를 받으면 정서적 마비 상태에 빠질 수도 있다. 제대로 반응하지 못하고 다시 균형을 찾는 데 시간이 걸리기도 한다.

당신은 엄청나게 힘들고 고통스러운 경험을 거쳐왔다. 이기적이고 당신을 배려하지 않는 사람에 의해 끔찍한 대우를 받았다. 진실이 아닌 메시지를 받아왔고, 속고, 조종당하고, 거짓말을 듣고, 세뇌당했다. 그들은 당신을 무시하고 경멸적인 투로 말하며 무례하게 대했다. 당신은 도구적으로 이용당하고 긴 시간 감정적, 신체적 학대를 받았다.

당신과는 하등 관계없는 일로 욕을 먹었고, 스스로를 의심하게 만드는 대우를 받았다. 당신이 얻을 수 있는 최선의 이익을 마음에 두지 않는 자가 당신을 통제했다. 당신은 진짜 사랑이 아닌 사랑의 환영을 경험했다. 사랑 근처에도 가보지 못했다.

그들의 조종 때문에 당신은 친절, 사랑, 존경을 받을 자격이 없다는 파괴적인 메시지를 받아왔다. 지금도 이 삶을 즐길 자격이 있는지 머뭇거린다.

당신은 이런 대우를 받을 필요가 전혀 없었다. 이제는 마음과 몸, 그리고 영혼에 충분한 친절과 다정함을 불어넣어야 한다. 그래야만 진정한 자신을 되찾을 수 있다.

이것이 학대였음을 아는 것이 중요하다. 그들이 사랑인

것처럼 연기하고, 사랑이라고 말했기 때문에 당신도 사랑이라고 믿었다. 물리적인 상처가 없어서 당신이 겪은 일을 과소평가하기 쉽다. 그러나 현실은 당신이 심리적이고 정서적인 학대의 피해자이자 생존자라는 사실이다.

당신은 많은 일을 겪었고, 이제 당신이 아름답고 귀중한 존재임을 깨달아 치유하고 회복할 때이다. 당신은 친절하고 진실하며, 사랑스럽고 강하다. 이것이 진실이다. 당신은 생명력으로 충만한 사람이다. 당신이 한동안 이를 느끼지 못했음을 나는 잘 알고 있다. 당신은 내면에 빛을 가지고 있는데, 이것이 일시적으로 어두워져 있었다. 이제 당신 안에 묻혀 있는 빛나는 생명력이 나타날 준비가 되었다.

당신은 아름다운 미소를 다시 느낄 것이다. 지금 이 질곡에 영원히 머물지는 않을 것이다. 당신은 밖으로 한 걸음씩 내딛고 있다. 정상에 도달할 것이며, 신선하고 깨끗한 공기를 마시게 될 것이다. 이 공기는 트라우마를 겪은 몸을 사랑으로 채울 것이고, 그 사랑은 놀라운 느낌을 가져다줄 것이다. 당신은 이런 감정을 느끼기 위해 태어났다. 당신은 사랑을 위해 만들어졌으며, 이제 진짜 모습으로 되돌아갈 시간이 되었다.

**14**

# 치유와 회복으로
# 가는 길

당신이 내현적 나르시시스트와 관계를 맺고 있을 때 당신의 일부는 억눌려 있다. 자신의 진정한 모습을 보지 못하게 되고, 내면의 삶도 이전과 달라진다. 마음은 깊은 상처를 입고 배신당한 느낌을 받으며, 모든 것이 초토화된 것 같다.

내면이 만신창이가 된 것 같겠지만 진실은 그렇지 않다. 당신은 악에 노출되었고, 이에 자연스러운 반응을 보이고 있을 뿐이다. 우리는 사랑을 느끼고 사랑을 주고받기 위해서 창조되었다. 당신은 그 반대의 삶에 노출되었고, 모든 고통은 그것의 결과이다.

한 생존자에게 치유와 회복을 이야기하자 그녀는 "그게 정말 가능하다고 생각하세요?"라고 물었다. 그녀에게 말했듯이, 치유는 절대적으로 가능하다. 당신의 몸과 마음은 치유될 자격이 있다. 많은 어려움을 겪어왔기에 치유를 통해 얻게 될 힘과 희망, 사랑에 놀라게 될 것이다.

치유가 일어나기 위해 필요한 것 중 하나는, 내현적 나르시시스트와의 관계와 그에 대한 진실을 파악하는 것이다. 당신은 너무 많은 은밀한 거짓말을 경험했다. 따라서 명확하게 볼 수 있다는 사실은 엄청나게 도움이 된다.

당신은 환상, 그러니까 자신을 꽤 괜찮은 사람으로 묘사한 사람과 사랑에 빠졌다. 처음 이 사실을 깨달을 때, 그것은 마치 생살을 찢는 듯한 고통일 것이다. 당신은 이를 지나치게 부풀리는 것은 아닌지, 그 사람이 정말 죄가 없는데 단지 두려워서 이 상황을 넘기지 못하는 건 아닌지 의구심을 가진다. 이는 자기의심으로 이어진다. ["설마", "진짜로?"의 단계이다.] 결국 공부와 지원을 통해 당신의 직감, 즉 내면의 앎이 적중했다는 사실을 알게 된다. 시간이 지나면 환상과 사랑에 빠졌다는 진실이 안도감을 줄 것이다. 그 진실이 당신을 자유롭게 해주기 때문이다. 완전한 깨달음은, 불안과 함께 수년간 느껴온 설명할 수 없는 피로와 건강 문제, 성적 혼란, 열등감, 불행을 설명해준다.

당신은 안전하지 않은 환경에서 살았고, 어떤 사람들의 경우에는 수십 년 동안, 어린 시절 내내 품위가 손상되고 평가절하당했다. 무조건적인 사랑을 경험하지 못했다. 당신은 자신을 존경하고 소중하게 여기며, 당신이 그들 삶에 있음을 행운이라고 생각하는 사람과 함께 살지 못했다.

그렇다, 당신은 위조품을 경험한 것이다.

당신은 헌신했다. 그것도 100퍼센트. 진실은 그 관계에서 바로 당신이 생명력이었다는 것이다. 스스로에게 솔직하고 명확한 시각으로 되돌아볼 때, 당신이 주고 느꼈던 삶과 사랑은 결코 온전히 되돌려 받지 못했음을 깨닫게 된다.

진심으로 사랑했던 사람과의 관계가 빠르고 잔인하게 끊어질 때 고통스럽다. 그 사람이 당신에 대해 갖고 있다고 생각했던 모든 감정은 사라지고, 대신 당신을 미워하고 적으로 여기며 터무니없는 일로 비난하는 모습을 보게 된다. 동시에 그들은 항상 자기 세상이 당신의 세상보다 더 푸르고 경이로워 보이도록 만든다. 그들은 빠르게 나아가며 당신 없이도 얼마나 행복한지 보여주려고 한다.

진실은 당신이 가졌던 이 관계의 의미가 그들에게는 결코 같은 의미가 아니었다는 사실이다. 당신은 진실하고 선하며 사랑이 넘치는 마음으로 접근했지만, 그들은 그렇지 않았다. 그들의 행동은 진짜가 아니었다. 그들은 자신이 안고 있던 큰 문제들을 오랜 세월 당신에게 투사했고, 당신과는 전혀 상관없는 일들까지도 당신이 책임져야 한다고 생각하게 만들었다.

치유의 큰 부분은 진실을 인식하고, 그것이 모두 환상이었음을 받아들이는 지점에 도달하는 것이다. 이 과정은 시간이 걸리며 강제할 수도 없다. 일어난 일을 있는 그대로 수용하는 것은, 내현적 나르시시즘에 대해 공부하고 지지를 받으며, 자신을 신뢰하고 최대한의 사랑과 친절로 자신을 대하는 법을 배우면, 자연스러운 결과로 뒤따르게 된다.

## 당신은 학대받았다

온라인 메리엄웹스터 사전은 언어적 학대를 '보통 부당하고 무절제하게 화를 내면서 비난하거나 비방하는 언어'로 정의한다. 〈사이콜로지 투데이〉는 "정서적 학대는 무엇인가?"라는 제목의 기사에서 정서적 학대를 다음과 같이 설명한다.

"신체적 학대가 다른 사람을 통제하려는 시도인 것처럼, 정서적 학대도 통제하려는 시도이다. 유일한 차이점은 정서적 학대자는 신체적으로 때리기, 발로 차기, 꼬집기, 잡기, 밀기 등의 물리적 형태의 해를 끼치지 않는다는 것이다. 대신 감정을 선택적인 무기로 사용한다.

우리 문화에서 정서적 학대는 만연하고 해를 끼치며 신체적, 성적 학대만큼이나 중요한 주제이다. 정서적 학대는 사람의 기본적인 자신감과 자기애를 약화시키고, 자존감, 가치, 정의, 자비, 사랑에 대한 혼란으로 사람을 조종한다."

아무도 당신을 때리거나 성적으로 학대하지 않았기 때문에 당신이 경험한 일을 사소하게 여길 수 있다. 피해자들이 자신의 경험을 과장하거나 지나치게 극적으로 만드는 것은 아닌지 의문을 가지는 상황은 매우 흔하다. 피해자는 대체로 자신이 비난받아야 한다고 생각한다. 이것이 바로 내현적 나르시시스트가 바라는 것이다. 그들은 당신의 주의를 산만하게 하고 진실을 보지 못하게 한다. 너무나 많은 피해자가 이를 학대라고 꼭 집어 부르기엔 과하거나 어색하다고 느끼기 때문에 조용히 지낸다. 왜냐하면 학대라는 단어는 보통 멍처럼 눈에 보이는 상처, 고함과 비명을 연상시키기 때문이다.

내현적 나르시시스트는 어떤 면에서는 더 위험한 학대자이다. 이 부분을 조심스럽게 말하고 싶다. 모든 학대자는 끔찍하고, 학대가 어떤 유형일지라도 그 학대에 노출된 피해자는 엄청난 고통을 겪는다. 나는 그 누구의 고통도 줄이고 싶지 않다. 내가 말하고자 하는 요점은, 누군가가 당신을 때리거나 소리를 지르는 것은 명백히 학대라는 것이다. 반면 은밀한 학대는 감춰져 있고 미묘하여 거의 표가 나지 않는다. 그럼에도 교활하고 은밀한 전술은 당신에게 상처를 줄 뿐만 아니라, 자아와 자존감을 앗아가며, 이 모든 것을 당신의 잘못인 양 느끼게 만든다.

은밀한 정서적, 심리적 학대는 사이비 종교에서 일어나는 일과 같다. 사랑받고 있다고 느끼게 만드는 리더가 자살을 권유할 수도 있다. 그 리더들은 강력하다. 당신의 경험을 축소하지 말라. 당신은 수년 동안 통제되고 조종되었다. 당신은 학대의 피해자이지만, 동시에 믿을 수 없을 만큼 강한 생존자이기도 하다. 당신이 여전히 이곳에 있고, 당신에 대해 많은 것을 알려주는 이 책을 읽고 있다는 사실은, 당신이 똑똑하고, 연구자이며 깊이 있는 사상가임을 말해준다. 눈물과 참담함 속에서도 답을 찾고 있을 만큼 강한 사람이다. 나는 당신이 상상할 수 있는 것보다 훨씬 더 훌륭하게 이 상황을 극복하리라고 믿는다.

계속 나아가라. 이 세상에는 당신 같은 사람이 필요하다. 당신은 이 세상을 더 나은 곳으로 만드는 사람이다. 용기를 내줘서, 당신답게 존재해주어 감사하다.

## 인지부조화

인지부조화는 마음속에 두 가지 상충하는 믿음이 있을 때 발생한다. 메리엄웹스터 사전에서는 이를 '동시에 일어나는 부조화한 믿음과 태도로 인한 심리적 갈등'이라고 정의한다. 이것이 내현적 나르시시스트 학대가 헷갈리고 파악하기 어려운 이유이다. 오랫동안 당신은 이 사람이 친절하고 진실하다고 믿어왔다. 당신은 내현적 나르시시스트가 당신을 사랑하고 돌봐 준다고 온 마음을 바쳐 믿었다. 그러나 그들에게서 점점 드러나는 잔인함이나 많은 나르시시스트적 특성을 발견하기 시작하면, 그들이 조종하고 통제한다는 사실과 그들이 사랑스럽고 선량하다는 믿음이 상반되기 때문에 마음이 혼란스러워진다.

어떤 믿음을 강하게 지니고 있으면 부인할 수 없는 증거가 눈앞에 있어도 그와 상반되는 현실을 믿기가 어렵다. 증거가 아무리 명백하더라도 당신은 이를 열심히 거부할 것이다. 이로 인해 당신의 몸에는 엄청난 불안, 염려가 발생한다. 여기에 더해 주변 사람들이 내현적 나르시시스트를 긍정적으로 보는 지점도 어려움을 가중시킨다. 인지부조화는 치유와 회복의 가장 어려운 요소 중 하나이다. 당신이 갖던 강한 믿음을 초월하고, 펼쳐진 현실을 정직하게 바라보는 데는 엄청난 정신력이 필요하다.

내현적 나르시시스트가 수년 동안 당신을 통제하고, 조작하고, 얕보고, 비하하는 방식을 인식하면 이는 거대한 현실 패러다임의 변화가 시작되는 것이다. 시간이 지나고 교육과 지지를 통해 당신의 눈이 점점 더 열릴 것이다. 내면이 강해지고, 자신을 깊은 사랑으로 대할수록 비로소 무슨 일이 일어났는지 보인다. 당신의 두뇌는 많은 변화를 겪으며 분석할 것이다. 뇌는 믿음을 뒷받침할 증거를 찾는다. 이때 마음에 묻어둔 과거 사건들을 말로 풀어보는 연습도 다양한 각도에서 진실을 볼 수 있도록 재훈련하는 데에 도움이 된다.

치유 과정은 생각보다 힘들지도 모른다. 노력이 필요하지만 그만한 가치가 있다. 이 과정은 당신 삶의 다른 영역에도 심오하고 아름다운 방식으로 영향을 미치며, 강인함과 명확성을 통해 당신을 변화시킬 것이다.

## 당신 잘못이 아니다

당신이 자신을 탓하게 되는 데는 두 가지 이유가 있다. 첫째, 당신 삶 속에서 만난 내현적 나르시시스트가 끊임없이 당신에게 책임을 돌리거나 암시했기 때문이다. 둘째, 당신은 자신의 행동에 책임을 지며, 다른 사람을 비난하고 싶지 않은 자기 성찰적인 성향을 갖고 있기 때문이다. 그러나 내현적 나르시시스트와 얽혀 일어난 일로 당신이 받은 대우는 결코 당신의 잘못이 아니다. 당신의 아름다운 특성이 착취당하고 해를 입었으며, 자신을 의심하게 만드는 도구로 사용되었다.

"그들은 당신을 조종하고, 모욕하고, 비하하고, 무시하고, 방치했다. 이에 대한 전적인 책임은 사이코패스에게 있다. 당신이 취약한지 불안한지는 중요하지 않다. 품위 있는 사람이라면 결코 다른 사람을 이용하지 않을 것이기에, 이 모든 것은 절대로 당신 잘못이 아니다."

－잭슨 맥켄지, 《연인인가 사이코패스인가》

바로 이런 상황이다. 이제 자책을 멈추고 자기 사랑에 집중하라. 아마도 당신은 말도 안 되는 일들로 너무 많은 비난을 받아왔을 것이다. 이제 당신이 얼마나 특별한지 진실을 볼 시간이다. 진심으로 당신을 사랑하는 사람들을 믿고, 말과 행동이 일치하지 않는 사람은 흘려보내면 된다. 환상과 조종자를 버리고 당신이 최고가 되기를 바라는 사람들과 함께 시간을 보내라. 그 사랑을 받아들이고 당신의 모든 부분에 스며들도록 하라. 당신은 사랑이 존재하고 다른 모든 것은 놓아야 하는 새로운 삶을 시작하고 있다.

## 치유가 진행되는 모습

당신이 진실을 밝히고 거짓으로부터 해방될 때, 감정의 롤러코스터를 경험할 수 있다. 메리도 그런 경험을 했다. 목표를 향해 열심히 일하며 새로운 삶을 만들어가던 중, 갑작스럽게 도착한 3페이지 분량의 이메일이 그녀의 마음을 흔들었다. 그 이메일은 그녀의 인격을 비난하는 내용으로 가득 차 있었고, 메리는 큰 충격에 무너졌다. 며칠 동안 울음이 멈추지 않았고 절망에 빠져 아무것도 할 수 없었다. 그러나 그녀는 스스로 지금껏 잘해왔다고 믿었다. 실제로 메리는 큰 진전을 이루었고, 과거 전 애인과의 관계에 비해 빠르게 회복하고 있었다.

시간이 흘러 메리는 멋진 나날도, 절망과 외로움, 불안의 나날도 보냈다. 지지 그룹에 꾸준히 참여하고 힐링 운동을 이어갔다. 그러던 어느 날, 메리는 중요한 돌파구를 맞이했다. 청소를 하다가 우연히 예전 일기장을 발견한 것이다. 이혼 과정에서 적어둔 일기장을 읽으며, 그녀는 내현적 나르시시스트였던 전 애인이 자신에게 "잘 못한다"고 언급한 모든 잔인한 말을 적어둔 리스트를 발견했다. 수년 동안 그 리스트는 그녀의 마음속에서 자꾸만 떠올라 그녀에게 영향을 끼쳤다. 그녀는 자신에게 의문을 품고 내용이 사실인지 궁금해했지만 진실을 보지 못했다. 하지만 이제 그녀는 그 리스트를 보면서 더 이상 불안이나 침울함을 느끼지 않았다. 오히려 하나하나 살펴보며, "이건 사실이 아닌데? 전혀 나에 관한 이야기가 아니야"라고 생각했다. 자신이 들었던 말들이 사실은 내현적 나르시시스트 그 자신에 관한 이야기라는 것도 깨달았다.

그녀를 강타한 또 다른 사실은 그가 자신에게 한 말이 모두 **졸렬하다**는 점이었다. 오랫동안 그녀는 "그가 옳으면 어쩌지? 나를 향해 말한 게 진짜 사실이라면 어쩌지?"라는 생각에 사로잡혀 있었다. 그러나 그녀는 자신을 진정으로 사랑하는 사람들을 주변에 뒀고, 스스로를 교육했으며, 친절과 존경으로 자신을 대하는 이들과 시간을 보냈다. 그로 인해 더 강해지고, 더 명확하게 볼 수 있게 되었다. 이제 그녀는 진정한 사랑을 경험하는데 익숙해져서 비열함과 괴롭힘이 낯설게 느껴지기 시작했다.

이것은 엄청난 돌파구였다. 메리는 처음 만났을 때와는 백팔십도 달라 보일 정도로 변화했다. 친구들은 메리가 10년은 더 젊어 보인다고 말한다. 이러한 변화는 바로 치유와 사랑, 그리고 해로운 관계에서 벗어난 결과이다.

주목해야 할 점은 내현적 나르시시스트는 자신의 잘못을 인정하지 않고, 타인의 잘못을 지적하며, 자신이 느낀 감정을 타인에게 투사한다는 것이다. 반면에 타깃은 "당신이 그렇게 말할 때 나는 이렇게 느껴"라고 말한다. 내현적 나르시시스트는 성찰적이지 않고, 감정적으로 미성숙하여 자신이 책임지지 않고, 문제를 타인에게 전가한다.

메리의 이야기가 당신에게 용기를 주었길 바란다. 기복을 겪을 테지만 당신은 진전을 이루고 있으며, 언젠가 내현적 나르시시스트가 내뱉은 말들이 더 이상 영향을 미치지 않게 된다. 당신은 자신의 진정한 모습을 알게 되어, 누구도 다시는 그 진실을 빼앗을 수 없을 것이다.

## 치유 훈련

나는 메리에게 치유에 도움이 되는 여러 훈련을 알려주었다. 그중 하나가 그녀의 돌파구를 마련하는 데 큰 도움이 되었다. 그녀는 처음 이 훈련을 시작할 때 어렵다고 느꼈지만, 반복할수록 진실을 더 쉽게 볼 수 있었다.

훈련은 다음과 같다.

1. 당신 인생에서 만난 내현적 나르시시스트가 당신에게 잘못되었다고 주장한 모든 말의 목록을 작성해보라. 목록에는 그 사람이 직접 말한 것뿐만 아니라 암시된 내용도 포함된다.

_____

_____

_____

_____

_____

_____

2. 이제 목록을 다시 살펴보고 정말로 **당신**을 설명한 말이 맞는지 스스로에게 물어보라. 지금 상당한 혼란을 겪는 중이고 회복 지점에서 뚜렷하게 생각하기 어렵다면 당신을 잘 아는 믿을 수 있는 친구에게 그것 중 하나라도 맞는 말인지 물어보라. 그리고 그것이 사실이라도 큰일이라고 할 수 있을까? 정말로 당신에게 문제가 있는 걸까? 예를 들어, 메리의 전 애인은 과체중이라는 이유로 그녀를 무시했다. 그게 그녀의 정체성에 무슨 문제가 되는 걸까? **아니지 않은가.**

3. 각 항목이 당신에게 맞는 말인지 대답한 후 나르시시스트가 "당신에게 문제가 있다"는 각 말들을 다시 살펴보고, 그 말이 실제로는 내현적 나르시시스트에게 해당되는지 물어보라. 당신이 더 명확해질수록, 내현적 나르시시스트의 말들이 실제로는 그들 자신의 문제를 얼마나 많이 투사했는지, 그들의 비난과 무시가 당신과 아무런 관련이 없었다는 사실에 경악할 것이다.

4. 이제 당신이 어떤 사람인지 진실을 적어보라. 당신이 진정 누구인지 상기시키는 데 도움이 되도록, 자신에 대한 모든 아름다운 특성을 목록으로 작성해보라. 특성을 파악

하는 게 어렵다면 당신을 잘 아는 친구에게 도움을 요청해보면 된다.

## 자기 자신을 탓하기

내현적 나르시시스트가 피해자를 대하는 방식 때문에 당신은 자신과 관련 없는 많은 일에 스스로를 탓해왔다. 당신이 무엇을 했는지, 또는 무엇을 할 수 있었는지에 상관없이 이 관계가 성공할 수 있는 방법은 없었다는 것을 알아야 한다. 내현적 나르시시스트는 공감이 없고, 자기중심적이며, 사람을 이용하고, 자신의 행동에 책임을 지지 않기 때문에 누구라도 그들과 건전한 관계를 맺는 것은 불가능하다.

사랑스럽고 건강하며 생명을 주는 관계에는 상대방의 입장에서 생각하고, 존중하며, 진심으로 경청하고, 상대의 감정을 배려하며, 자신을 되돌아보고, 타인을 위해 최선을 다하는 등의 필수적인 특성이 필요하다. 이러한 특성을 '쌍방'이 모두 가지고 있을 때에만 관계가 작동할 수 있다.

## 진짜 사랑의 모습

오랫동안 내현적 나르시시스트와 함께 살면 해로운 행동이 새로운 기준이 된다. 결국 진짜 사랑의 모습과 그 감각을 잃어버릴 수도 있다.

사랑의 실제 모습을 직접 접해보는 것이 중요하고 유용

하다. 이를 수행하는 한 가지 방법은 당신이 지속적으로 사랑받는 다른 관계를 살펴보는 것이다. 잭슨 맥켄지는 《연인인가 사이코패스인가》에서 이러한 사람들을 '변함없는 의지처constants, 常數'라고 부른다. 변함없는 의지처라니, 정말 훌륭하지 않은가? 이는 당신 삶에서 일관성을 유지하는 사람이다. 그들은 오랫동안 당신을 사랑해왔고, 당신은 그들과 함께 있을 때 안전하며 무조건적인 사랑을 받고 있다고 느낀다. 만약 이런 사람이 없다면, 일상에 마음의 안정을 주는 존재가 당신이 돌보는 동물일 수도 있고, 해 질 녘을 바라볼 때나 바닷가에 앉아 있을 때, 혹은 산 정상에 서 있을 때 느끼는 감정일 수도 있다.

당신의 변함없는 의지처를 한번 떠올려보라. 그들과 함께 있을 때 혼란스러운 느낌을 받은 적이 있는가? 그들과 함께 있을 때 배가 조이거나 불편함을 느낀 적이 있는가? 그들이 당신에게 잘못된 점이 무엇인지 말한 적이 있는가? 그들과 함께 있을 때 그들이 당신과 함께 있는 순간을 좋아한다고 느끼는가? 그들 주변에서 생각이 또렷하게 정리되는가? 그들에게서 무시당하거나 멸시받는 느낌을 받은 적 있는가? 그들과 함께한 후 눈물을 흘린 적이 있는가? 그들과 함께 있을 때 스스로에게 의문을 품고 의심하는가?

리즈는 내 베스트 프렌드이다. 열두 살쯤 학교에서 만났고, 지난 28년 동안 거의 매주 전화 통화를 했다. 우리는 모든 것을 이야기한다. 그녀는 내 변함없는 의지처 중 한 명이다. 그녀의 마음은 크고 광활하며, 나는 그녀에게서 무조건적인 사랑과 수용을 경험했다. 우리는 수없이 서로 부둥켜 울었고, 삶과 아이들, 관계에 대해 이야기했다. 화나거나 슬프거나 흥분할 때마다 우리는 전화를 걸어 서로의 감정과 생각을 모두 털어놓았고, 그 과정에서 매번 안전하다는 느낌을 받았다. 내가 어떤 일을 겪든 그녀는 알고 싶어 했으며, 내 감정을 소중하게 대해주었다.

나는 걱정과 고민이 밀려올 때 여러 번 리즈에게 전화를 걸었고, 통화가 끝날 무렵에는 명확해지는 느낌을 받았다. 그녀가 나를 판단하거나 무시한다고 느낀 적이 없다. 우리는 서로를 존경하며, 그녀는 사랑이 어떤 모습이고 어떤 느낌인지 내게 알려주는 바로미터이다. 그녀의 존재만으로 내 치유 여정에 큰 도움이 되었다.

엄마는 또 다른 변함없는 친구이다. 몇 년 전 돌아가셨지만 그녀와 함께한 추억을 간직하고 있다. 엄마는 무조건적인 사랑의 화신이었다. 나는 엄마가 항상 나를 온전히 받아들인다는 느낌을 받았다. 나를 무시하거나 통제하거나 조종하려 했던 기억이 없다. 엄마는 진심으로 믿음을 주었고, 그녀의 최우선 순위는 우리 자매에게 사랑의 근간을 마련해주는 것이었다. 엄마는 그 일을 훌륭하게 해냈다. 엄마의 마음은 항상 내게 열려 있었고, 그녀에게 내 감정은 중요했다. 그녀는 깊이 공감하며 가장 따뜻한 포옹을 해주었고, 진심으로 관심을 기울였다. 만일 자신이 다른 사람에게 상처를 주거나 영향을 끼쳤다면 책임을 지고 사과했다. 가짜가 아닌 진짜 사과였다. 나는 엄마로 인해 지친 적이 없고, 언제나 진정되고 안심되었다. 엄마는 있는 그 대로의 나를 사랑했고, 나는 그것을 깊이 느꼈다. 엄마와 함께 있을 때면 안전하다고 느꼈다.

당신이 경험한 왜곡된 환상과 실제 사랑이 얼마나 다른 지 파악하고, 사랑의 올바른 기준점을 제공하기 위해 내 이야기 를 나누었다. 누군가가 진심으로 당신을 사랑할 때, 당신의 몸 은 차분하고 편안해진다. 그런 사람들과 함께 있을 때 불안하지 않고 안도감을 느낀다. 실제 사랑이 어떻게 보이고, 어떤 느낌 인지 아는 것은 매우 중요하다.

진정한 사랑이 표현되는 모습을 보는 과정은 과거에 겪 었던 혼란스러운 현실을 인식하는 데 도움이 된다. 사랑은 말뿐 만 아니라 행동이 따라야 한다는 점을 보여준다.

스스로를 사랑하고, 자신을 더욱 많은 변함없는 의지처 로 둘러싸이게 하라. 결국 당신은 자신의 변함없는 지지자가 될 것이다. 자신에게서 긍정적인 에너지를 느끼기 시작하면 인생 이 변하고 있다는 신호이다. 내면의 평화가 실제로 자리 잡기 시 작하고, 당신이 창조하는 새로운 삶이 마법처럼 느껴지기 시작 하는 시점이다.

## 진정한 사랑의 특징

- 당신을 정중하게 대한다.
- 당신을 지지한다.
- 당신을 믿는다.
- 당신의 말을 경청한다.
- 당신을 잘 알고 있다.
- 당신의 감정을 존중한다.
- 당신이 행복하기를 바란다.
- 성관계-당신을 귀중하게 여기고, 당신의 몸을 사랑하며, 당신에게 기쁨을 주는 것을 좋아한다.
- 당신을 대우하고 축하해주는 것을 기꺼워한다.
- 당신을 소중히 여긴다.
- 당신과 함께 있는 것을 좋아한다.
- 당신을 친절하게 대한다.
- 당신의 노력을 지지한다.
- 당신이 성공하면 같이 기뻐한다.
- 당신이 슬프고, 겁이 나고, 확신이 없을 때 공감해준다.
- 그들의 정직함은 사랑에서 비롯된다.
- 당신을 위해 최선을 다한다.
- 다른 사람들로부터 당신을 지켜준다.

- 당신을 배려한다.
- 당신의 직감을 신뢰하고 존중한다.
- 당신을 격려한다.
- 말뿐만 아니라 행동으로도 당신을 사랑한다.

## 내면에 가능한 한 가장 안전한 장소 만들기

내현적 나르시시스트와 함께 산다는 것은 감정적으로 안전한 환경에서 살지 않음을 의미한다. 이 때문에 당신은 스스로를 의심하고, 자신의 행복이 다른 사람의 행복만큼 중요하다고 느끼지 않게 된다. 그들은 당신이 자신의 직감을 신뢰하지 못하도록 유도한다. 당신의 마음은 보호받지도 사랑받지도 못한다.

치유의 큰 부분은 자기 자신에게 안전한 환경과 행복을 주는 방법을 배우는 것이다. 우리는 자기계발서나 강연자들로부터 자신을 사랑해야 한다는 말을 자주 듣는다. 그러나 실제 생활에서는 이것이 어떻게 들리는가? 수년간 당신을 깎아내리는 사람과 함께했다면 자기 마음을 사랑과 존중으로 대하는 방법을 익히는 데 시간이 걸린다.

나는 치유 과정을 통해 내 안에 가장 안전한 장소를 만드는 방법을 배웠다. 나 자신을 대하는 방식과 특정 사물을 다루는 관점을 바꾸면 바꿀수록, 이 치유 여정을 시작할 때는 예상하지 못했던 방식으로 삶이 바뀌었다. 나 자신을 친절과 사랑으로 대할수록, 나를 나쁘게 대하는 사람들에 대한 관용이 줄어들고, 사람들을 더 잘 꿰뚫어 볼 수 있게 되었다. 나는 또한 내 안의 비판적인[자신을 탓하는] 목소리가 사라졌음을 알아차렸다. 삶이 지극히 다르게 느껴지기 시작했다. 예전에는 없던 나 자신과의 관계가 비로소 생겼다.

나는 첫 번째 책인 《가능한 한 가장 안전한 장소The Safest Place Possible》에서 내 치유 여정에 대해 썼다. 그 책에 담긴 정보와 개인적인 이야기는 당신의 다정한 마음을 치유하고 회복시키는 도구를 제공할 것이다. 내 안에 본래 가지고 있던 모습을 회복하는 데 도움이 된 운동도 설명해두었다.

당신은 많은 사랑을 받을 자격이 있으며, 진정으로 아름답고 온전한 사람이 될 자격이 있다. 이 치유 과정은 삶을 놀라운 방식으로 바꿀 것이다. 지금 당장은 상상하기 어려울 수 있지만, 나도 당신이 있는 곳에 있었고, 그 어두운 터널 끝에는 진정한 빛이 있음을 보았다. 당신은 그곳에 도착할 것이다. 머지않아 당신을 만나 당신의 이야기를 듣게 되기를 고대한다.

## 신체 돌봄

내현적 나르시시스트와 함께 생활하면 마음뿐만 아니

라 신체도 영향을 받는다. 정서적 트라우마를 겪으면 그 기억이 몸에 저장된다. 치유의 또 다른 부분은 이 진실을 인지하고, 마사지, 레이키Reiki(영적 에너지), TRETension and Trauma Releasing Exercises(긴장과 트라우마 해소 운동), 그리고 자위와 같은 치유 방식으로 자신을 돌보는 것이다. 마지막 단어가 놀라운가? 먼저 그것부터 이야기해보자.

내현적 나르시시스트와 연애 관계에 있었다면 성관계가 좋지 않았을 가능성이 크다. 당신은 충분하지 않다고 여기며 상처받았을 것이다. 당연히 자존감과 자기 가치에도 큰 영향을 미친다. 이 영역을 치유할 한 가지 방법은 그 부분을 다시 일깨우고, 자신에게 필요한 행위를 해주는 것이다. 인간은 성적인 존재다. 당신은 그 아름다움과 즐거움을 오랫동안 누리지 못했다. 이제는 당신의 놀라운 신체를 탐험하고 내현적 나르시시스트가 차단한 성적 매력을 되찾을 시간이다. 자신을 오르가슴에 이르게 하는 것은 신체적인 해방이다. 실제로 절정에 다다를 때 옥시토신이 분비되어 더 만족스럽고 안전하며 편안한 기분을 느낀다. 그것은 당신을 자기 자신으로 되돌아가게 한다. 양초, 음악 등 당신이 좋아하는 것을 활용하라. 몸이 좋아하는 것을 알아가라. 이것은 당신의 몸이 아름답고, 매력적이며, 즐거움을 누릴 가치가 있다는 사실을 파악하는 데 도움이 될 것이다. 유독한 관계로 인해 생긴 수치심을 없애는 데에도 도움이 된다. 시간을 내어 당신의 매혹적이고 섹시한 모습을 만나고, 자신의 모든 면을 사랑하라.

다음으로 TRE에 대해 들어본 적이 없다면 이를 연구해볼 가치가 있다. 지역에 TRE를 제공하는 장소가 있는지 확인하라. 혹시 없더라도 이 방법은 혼자서도 할 수 있다. TRE는 바로 앞에서 말했듯이 '트라우마 해소 운동'을 의미한다. 세션 동안, 스트레스, 긴장 및 트라우마로 깊이 뭉친 근육을 풀어주는 데 도움이 되는 일련의 운동이다. 안전하게 근육을 피로하게 만든 후, 바닥에 특정 자세로 누워 있으면 몸이 자동으로 떨리기 시작한다. 이는 신체의 트라우마를 풀어주고 신경계를 진정시킨다. 누워서 약 20분 동안 몸의 떨림을 경험하게 된다. 마치고 나면 얼마나 조용하고 평화로운 느낌이 드는지 놀랄 것이다. 당신의 몸은 당신을 위해 모든 일을 한다. 이 과정은 데이비드 버셀리 박사가 만들었으며, 더 알고 싶다면 온라인 자료, 책, 유튜브 동영상을 참조하라. 몸의 트라우마를 완화하는 강력하고 효과적인 방법이다.

레이키는 몸과 정신을 진정시키는 데 도움이 된다. 당신을 더욱 편안하게 해주며, 평온한 느낌을 상기시켜준다. 두려움이 사라지고, 생각의 소음이 조용해지고, 영이 평안해질 때 몸의 치유가 시작된다. 장기간에 걸쳐 은밀한 트라우마를 경험했기 때문에 투쟁-도피 반응을 보이는 것이 일반적이다. 관계를 유지하기 위해 종종 감정은 억제되곤 한다. 이러한 감정은 세포 기억으로 몸에 갇혀 저장된다. 레이키는 긴장을 풀어 갇힌 감정과 트라우마가 부드럽게 풀릴 수 있도록 도와준다.

잘 훈련되고 예민한 시술자의 마사지를 받는 것도 좋다. 자연 속에서 산책하는 것도 영혼에 위안을 준다. 당신에게 평온과 평화를 가져오는 데 도움이 되는 무엇이든 몸과 정서 모두를 치유케 한다. 휴양지는 자기 돌봄을 위해 머무르기 좋은 장소이다. 자신을 귀하게 대접하라. 당신을 진정시키는 일이 얼마나 합당한지, 그것이 당신의 행복을 위해 얼마나 필요한지 알게 될 것이다.

## 경계

할 수만 있다면 내현적 나르시시스트를 다루는 가장 좋은 방법은 그들과 접촉하지 않는 것이다. 그들은 교활하고, 무엇이 당신을 도발하고 영향을 끼치는지 알고 있기 때문에, 그들과 접촉하면 당신은 계속해서 감정적으로 상처 입는 취약한 위치에 놓이게 된다. 그들에게서 멀어질수록 진실은 더욱 분명해진다. 사이비 종교에서 빠져나오는 일과 마찬가지로 자신이 더 강해지기 위해서는 완전히 벗어나야 한다. 내현적 나르시시스트의 휴대폰 번호와 이메일 주소를 차단해야 한다.

내현적 나르시시스트와의 사이에 자녀가 있다면, 자녀의 연령에 따라 접촉을 완전히 끊는 것이 어려울 수 있다. 그렇다면 직접 대면하지 말고 이메일이나 문자 메시지로만 소통하는 것이 좋다. 그들을 보는 것은 당신에게 영향을 미칠 것이며, 치유를 위해 시간과 공간이 필요하다. 사실과 계획 문제에만 충실하고 개인적인 생각과 감정은 혼자 간직하라. 그들에게 마음을 열고 취약한 상태에 놓이면, 그들은 당신에게 상처를 줄 것이다. 믿을 수 있는 친구, 상담사, 코치에게 생각과 감정을 공유하라. 지금은 자녀나 좋아하는 친구를 돌보듯이 정말로 자신을 돌봐야 할 때이다.

## 감정

치유하는 동안 많은 감정이 떠오르고 분노를 느낄 것이다. 잔인하게 배신당했기 때문이다. 당신이 분노할 이유는 너무나 많다. 분노를 표출하라.

슬픔도 느낄 것이다. 당신은 자신이 알고 있다고 믿었던 배우자나 부모, 즉 당신이 생각했던 모습과 달랐던 그 사람의 상실을 애도하고 있는 것이다. 만약 이것이 끝난 결혼이라면, 당신은 이 '멋진' 사람과 남은 세월 결혼생활을 이어가리라 생각했을 수도 있다. 당신은 그들과 함께 인생을 쌓아왔고 어쩌면 자녀도 있을 것이다. 그 그림은 당신의 현재이자 미래였지만 이제는 사라졌다. 그 상실을 있는 그대로 슬퍼하라.

당신은 낮은 수준에서부터 깊은 수준까지의 우울과 다양한 슬픔을 느낄 것이다. 완벽히 이해한다. 맘껏 슬픔을 느껴도 된다. 많은 사람이 한번 울기 시작하면 멈추지 않을 것 같아 두려워서 슬퍼하지도 않으려고 한다. 실은 정반대이다. 눈물을 흘리지 않으면 그 눈물이 당신 안에서 곪는다. 울어버리면 몸이 떠날 준비가 된 것을 떨쳐버리게 된다. 몸은 스스로 치유하는 방법을 알고 있다. 믿을 수 없을 정도로 똑똑하다. 울고 싶은 기분이 든다면 내보내라. 당신은 이 슬픔을 영원히 느끼지 않을 것이다. 시간이 지나면 그것도 과거의 일이 된다. 자연스럽게 흐르도록 내버려두고, 떠나가게 두라. 형언할 수 없는 자유와 평화를 맞이할 것이다.

어떤 감정이 고조되고 그것을 표현할 때, 우리는 관심을 기울여야 할 중요한 무언가가 있음을 깨닫게 된다. 이런 것이 바로 아름다운 자기 돌봄의 한 모습이다.

내현적 나르시시스트와 함께 있을 때는 당신 감정이 소중히 여겨지지 않았다. 이제 당신의 모든 부분을 사랑과 수용으로, 스스로를 귀하게 대접할 시간이다. 그러기 위한 방법은 당신이 느끼는 모든 감정을 지키고 존중하는 것이다. 당신 내면의 자아가 중요하다. 당신에게 이와 다른 메시지를 준 사람을 경험했으며 그것은 사랑이 아니었다.

감정이 자연스럽게 당신을 흘러가도록 하라. 그 감정들은 당신을 돕기 위해 드는 것이다. 내게도 떠오르는 모든 감정을 기꺼이 수긍하는 과정이 큰 도움이 되었다.

우리가 치유되는 과정에서 자신을 부정적으로 바라보기 쉽다. 나는 글레넌 도일이 쓴 《사랑의 전사Love Warrior》의 이 문장을 좋아한다. "당신은 엉망진창이 아니다. 당신은 이 엉망진창인 세상에서 감정을 느끼는 사람일 뿐이다."

## 이 경험을 통해 당신은 변한다

대부분의 피해자는 낙천적이고 이상주의적이며 다른 사람의 장점을 보는 사람들이다. 하지만 친절하고 사랑스럽다고 생각했던 사람이 내현적 나르시시스트로 판명되면 사람을 보는 눈이 바뀐다. 그렇게 될 수밖에 없다.

우리는 대개 다른 사람들을 자기 자신과 비슷하게 본다. 즉, 나르시시스트가 아닌 보통 사람은 인간이 타인을 통제하고 조작한다고 가정하지 않는다. 왜냐하면 자신이 생각하고 행동하는 방식이 아니기 때문이다. 우리는 사람들이 친절하게 대할 때, 혹은 사랑한다고 말할 때 그것을 곧이곧대로 믿는다. 믿지 않을 이유가 없기 때문이다.

사랑하는 사람이 변덕스럽거나 혼란을 일으키는 방식으로 말하거나 행동한다면, 우리는 그들이 필시 어떤 일을 겪고 있으며, 그렇게 행동할 수밖에 없는 안팎의 문제들이 있다고 가정한다. 우리는 그들을 사랑하고, 그들의 말을 경청하고, 그들의 상처받은 부분이 치유되도록 돕고 싶어 한다.

"우리는 사람들이 내면적으로 고민하거나 무언가에 불안할 때만 문제 행동을 보인다고 믿도록 사전 프로그램이 되어 있다. 우리는 보통 '저변'의 어떤 문제가 그 사람을 그토록 괴롭혀서 불쾌한 행동을 하게 만드는지 궁금해한다."

-조지 K. 사이먼, 《양의 탈을 쓰다》

나는 나르시시스트가 문제가 있는 사람들이라는 주장이 사실이라고 생각한다. 그들이 스스로 원해서 그런 식으로 행동하는 것은 아닐 것이다. 그러나 그들과의 경험을 통해 배운 점은 그들이 항상 무고하지는 않다는 사실이다. 그들은 순수한 마음에서 행동하지 않으며, 대부분 자신의 이익을 관철하려고 행동한다. 우리는 이제 세상에는 좋은 의도가 없고, 자기 이익만을 위하며, 겉보기와는 딴판인 사람들이 존재한다는 현실을 깨달았다. 이들은 '정말 좋은 사람'으로 가장하였지만, 실은 타인을 괴롭히는 불량한 사람들이다. 우리가 아무리 친절하고 사랑을 베풀고 이해하려 해도 그들은 상대의 감정을 신경 쓰지 않기 때문에 우리를 나쁘게 대한다. 그들은 자신이 원하는 것만을 원하며, 자신의 목적을 위해 필요한 일은 무엇이든 다 한다. 그 과정에서 상대를 해치더라도 전혀 개의치 않는다.

　　　사람의 행동과 겉모습만 보고는 신뢰할 수 없다는 사실을 깨닫게 되면, 세상이 다르게 느껴진다. 얼마나 많은 사람이 자신이 아닌 다른 사람으로 가장하고 있는지 보기 시작하면 인류 전체에 대한 관점이 바뀐다. 당신이 나르시시스트에 노출된 이후 은둔하고 싶고, 이 세상과 아무런 관계도 맺고 싶지 않음은 자연스러운 일이다. 때로는 자신과 다시 연결하고, 상황을 파악하여 나아갈 중심을 잡기 위해 잠시 자기만의 시간이 필요하다.

　　　처음에는 슬플 수밖에 없다. 이제 순수함은 사라져버렸고, 일단 깨달음을 얻은 후에는 예전 자아로 돌아갈 수 없다. 나는 한동안 이를 슬퍼했지만 이제는 달라졌다. 이것은 깨우침의 순간이었다. 오랫동안 그 깨달음으로 인해 사회로부터 숨고 싶었다. 더 이상 누구를 믿을 수 있을지 알 수 없었다. 그러다 나는 사람들과의 거리 두기가 나를 더 건강하고 자유롭게 해준다는 사실을 깨달았다. 나는 사람들 사이 한가운데에서보다 바깥에서 더 많은 것을 바라볼 수 있었다. 주변의 세상을 관찰하며 스스로 중심을 잡고 섰을 때, 더 강해지고 명확해짐을 느끼기 시작했다. 뒤로 물러나 숨 쉴 수 있는 공간을 확보할 수 있었다. 다시 사람들과 관계를 맺기 시작할 때 더 이상 맹목적인 신뢰로 다가가지 않았다. 그들 곁에 있을 때 내 감정을 알아차리고, 그것을 믿었다. 힘이 생겼다.

나는 함께 시간을 보낼 사람들을 훨씬 더 선택적으로 고르게 되었다. 친절한 사람들, 진실한 사람들이 더욱 소중해졌다. 나는 예전보다 한층 강해지고 자비심이 많아졌다. 상대방이 말하고 행동하는 것보다 누군가의 주변에서 내가 어떻게 느끼는지에 더 많은 관심을 기울이고 있기 때문에, 그 어느 때보다 내 분별력을 신뢰하게 되었다.

당신의 경험이 당신을 변화시켰지만, 고통의 그림자에서 벗어나기 시작하면 다른 사람들 안의 선함의 빛은 훨씬 더 밝아진다. 당신이 겪은 일은 끔찍했지만, 그 경험과 배움을 통해 이전보다 훨씬 더 깊이 있고 다층적인 사람이 되어간다. 당신은 많은 사람이 할 수 없는 방식으로 다른 사람을 도울 수 있다. 당신은 소중한 존재이다. 지금은 고통스럽겠지만 곧 강인함이 생길 것이다.

## 도움을 구하라

지금은 자신을 고립시키고 사람들에게 다가가고 싶지 않은 시기임을 잘 알고 있다. 나도 공부를 시작하고 많은 강렬한 감정이 덮쳐왔을 때, 집 밖을 나가고 싶지 않았다. 사람들과 이야기하고 싶지 않았고, 방구석에 웅크려 앉아 울며 벽만 바라보고 싶었다. 그런 때가 있음을 충분히 이해한다. 당신의 몸과 마음에 필요한 것이 무엇인지 귀 기울여보라.

시간이 지나면서 나는 점점 더 도움을 구하기 시작했다. 여러 상담사를 찾아갔지만, 대부분이 내현적 나르시시스트라는 주제를 이해하거나 교육받지 못했다. 그래서 이 분야에 초점을 맞춘 코치와 치료사로 검색 범위를 좁혔다. 그들과의 대화는 매우 유용했다.

그러던 중 나는 지역 지원 그룹을 발견하게 되었다. 스무 명의 사람과 함께 방에 앉아 각자가 겪어온 일에 대해 이야기를 나누는 것은, 내 눈을 뜨게 하고 믿을 수 없을 만큼 큰 도움이 되었다. 나만 이런 일을 겪은 게 아니었다. 그 이야기들에서 나 자신을 발견할 수 있었다. 우리 모두는 즉각적인 친밀감, 자유, 안전을 느꼈다. 우리 모두가 가장 바랐던 것은 계속해서 이야기를 듣고 나누는 것이었다. 비슷한 일을 겪은 사람들을 만나는 시간은 자신의 경험이 사실임을 확인하는 과정이었기 때문이다.

이 책을 쓰기로 결정했을 때, 나는 유용하고 정확하며 포괄적인 내용을 담기를 원했다. 그래서 수십 명에게 그들의 경험을 인터뷰할 수 있는지 물었다. 다양한 경험과 이야기가 최대한 많은 사람들에게 도움이 되기를 바랐다. 그들 모두가 좋다고,

가능한 한 어떤 방법으로든 돕고 싶어 했다. 자신의 취약함을 드러내는 이야기를 들으며 나는 겸손해졌다. 인터뷰를 하는 기회는 영광이었고, 이 책을 써야겠다는 결심을 더욱 굳게 다지게 했다. 연구를 진행하면서 이 문제가 얼마나 방대하고 전 세계적인 문제인지 알게 되었다. 나는 지역 사람들뿐만 아니라 세계 각국의 사람들도 인터뷰했다. 그들의 감정과 경험은 똑같았다.

내현적 나르시시스트와 관계를 맺은 다른 이들과 소통해볼 것을 적극 추천한다. 당신은 더 이상 외로움을 느끼지 않을 것이다. 진실에 도달하고, 거짓말과 조종을 간파하는 데 도움이 될 것이다. 또 당신이 치유되고 더 강해지는 데 큰 도움이 된다.

## 당신은 스스로를 믿을 수 있다

내현적 나르시시스트는 많은 경계를 넘는다. 당신이 직감을 믿지 않는 것은 그들의 생각이 주입된 탓이다. 내현적 나르시시스트는 당신의 의견이나 직관을 존중하지 않으며, 이는 자신의 감정을 믿을 수 없다는 메시지를 공고히 한다. 당신이 그들에게 걱정거리를 털어놓고 기분이 어떤지 말하면, 그들은 당신의 직감적인 반응을 무시하며 당신 자신을 믿을 수 있는지 의문을 갖도록 만든다. 이런 일을 긴 시간 수차례 경험하면 자신을 신뢰하기가 어렵고 내면의 나침반을 의심하게 된다.

이것은 치유하면서 강화해야 할 부분이다. 이를 수행하는 한 가지 방법은 과거의 일기를 읽어보는 것이다. 많은 생존자는 자신이 내현적 나르시시스트의 실체를 얼마나 많이 보았는지 놀라지만, 당시에는 좋은 사람을 선택했다고 믿었기 때문에 변명을 해왔다. [천박한 행동을 하더라도 "어릴 적 결핍 때문이야", "사랑을 못 받아서 그래", "직업 특성상 그래" 등등.] 이것이 당신에게 격려가 되기를 바란다. 당신은 정말로 스스로를 신뢰할 수 있다.

일기를 쓰지 않았다면 자신에 대한 믿음을 강화하는 또 다른 방법으로 내면의 나침반을 테스트해보는 것이다. 사람들 주변에 있을 때 몸이 어떻게 느끼는지 알아차려보라. 마음이 편해지는가? 자신에 대해 긍정적인 기분이 드는가? 그들과 함께 있으면 힘이 나고, 격려받고, 힘을 얻는다고 느끼는가? 두려움을 느끼는가? 불안해지는가? 평가를 받는가?

때때로 우리가 왜 그렇게 느끼는지에 대한 판단이 틀릴 수도 있지만, 그 감정을 느끼는 데에는 분명한 이유가 있음을 항상 믿어도 좋다. 당신은 지나치게 예민하지도, 과장하지도, 오해를 하는 것도 아니다. 누군가에게 반응하는 당신 몸의 신호를 믿으면 된다. 몸이 좋지 않은 반응을 보이는 사람과는 많은 시간을 보내지 말라. 특히나 몸이 치유되고 강해지는 동안에는 더욱 그렇다. 당신의 몸에 귀를 기울일수록 몸이 얼마나 예리한 통찰을 주는지 더 많이 알게 될 것이다.

이런 일을 겪다 보면, 누군가와 대화할 때 당신 내면에서 느끼는 감정에 점점 더 민감하게 반응할 것이다. 그들은 매력적으로 보이고, 자신감 있는 표정을 짓고, 협조적으로 행동하고, 친절한 말을 할 수도 있지만, 당신의 속은 불편함이 요동침을 떨칠 수 없다. 이 사람은 뭔가 이상하구나 느껴진다. 무엇보다도 그것에 귀를 기울여라. 당신은 사람들이 설득력 있는 행동을 연기할 수 있고, 그들이 겉으로 보여주는 모습과는 완전히 다른 사람일 수도 있다는 사실을 알게 되었다. 이제 당신은 풍부한 지혜와 더불어 부드러운 마음을 가진 사람이 되었다. 누군가가 진실한지 아닌지를 확실히 알기 위해 몸의 징후, 내면에서 느끼는 감정에 주의를 기울여라.

　　당신 내면에는 진실을 가장 정확하게 측정할 수 있는 바로미터가 있다. 당신이 자신을 믿기로 선택할 때마다 몸과 마음의 근육이 강화된다.

　　이것은 당신의 삶(인간관계, 직업, 일상적인 결정, 살 곳, 휴가지 등) 모든 영역에 흘러 들어간다. 당신 내면에는 금광이 있다. 그것을 더 많이 사용하고, 신뢰하고, 믿을수록 더 많은 기적을 경험하게 될 것이다. 인생이 마법 같다고 느끼며, 상황이 더욱 수월하고 즐겁게 흘러갈 것이다. 놀랍도록 사랑받는 느낌과 함께 당신의 삶이 펼쳐질 것이다.

## 강해질 권리

내현적 나르시시스트는 부모든, 배우자든, 직장 동료든 똑같은 메시지를 보낸다. "너한테 뭔가 문제가 있어. 나 없이는 이 세상을 살아갈 수 없을 거야." 당신과 함께 살거나 일했던 내현적 나르시시스트는 당신이 약해지기를 원한다. 그것이 당신을 통제할 수 있는 유일한 방법이니까. 그 결과, 당신은 자신을 부정적으로 느끼는 데 익숙해졌다. 그런 생각이 마음속에 오랫동안 머물면 삶이 두렵고 부담스럽다. 두려움이 커지면 자신은 작아진다.

당신이 스스로를 지지할 수 있음을 알게 되면 인생은 어떤 느낌일까? 당신이 훌륭한 부모라고 완벽하게 믿는다면 어떤 느낌이 들까? 당신이 하고 있는 일을 정말 잘한다는 것을 알게 되면 어떤 느낌이 들까? 항상 충분한 돈을 가질 수 있다는 것을 안다면 어떤 느낌이 들까? 자신에게 닥치는 모든 일을 처리할 수 있음을 알게 되면 어떤 느낌일까? 당신에겐 아무 문제도 없고 좋은 점이 굉장히 많다는 사실을 알면 그 인생은 어떤 모습일까? 자신을 완전히 신뢰한다는 것은 어떤 느낌일까?

당신이 강해지는 것, 즉 자신을 강한 개인으로 보는 일에 편안함을 느낀다면 어떨까? 이는 당신의 정신과 마음을 자유자재로 다스릴 수 있다는 것이다. 차분히 앉아서 앞의 질문들을 자문해보라. 평화와 힘이 안에서부터 솟구쳐 오르는 것을 느낄 것이다. 바로 이것이 새로운 기준이 될 수 있다.

당신은 약한 느낌에 너무 익숙하다. 스스로가 강하다는 사실을 받아들여라. 사람들에게 맞서기 위해, 당신이 정말로 원하는 것을 좇기 위해. 항상 친절하지 않아도 된다. 대신 어떤 사람과 시간을 보낼지 까다롭게 선택하라. 더 이상 누구로부터도 형편없는 대우를 받지 않도록 하라.

당신은 온전히 자기 자신이 될 수 있다. 세상은 당신과 같은 마음을 가진 강한 사람들이 필요하다. 타인에게 원하는 배려와 도움을 자신에게 먼저 베풀어라.

## 내 이야기, 당신의 이야기

당신과 마찬가지로 나 또한 한 명 이상의 내현적 나르시시스트를 경험한 사람이다. 그 경험은 나를 변화시켰다. 이 책을 쓰면서 나는 더욱 변했다. 글을 쓰는 과정에서, 내현적 나르시시스트로 인해 얼마나 많은 사람이 고통받고 있는지를 깨닫게 되었다.

나는 인터뷰한 모든 사람과 사랑에 빠졌다. 그들로부터 많은 것을 배웠다. 또한 이 책을 위해 방대한 연구를 시작하면서 새로운 능력과 통찰력을 얻게 되었다. 지금은 대화를 관찰할 때

이전에는 결코 볼 수 없던 조종 전술을 알아볼 수 있게 되었다. 당신도 스스로를 교육하고 더 강해지면 이런 능력을 얻게 될 것이다. 놀라워하고 자신감을 얻게 될 것이다.

일전에 이 원고를 들고 앉아 원고를 향해 "고마워"라고 말했다. 이 책이 나에게도 얼마나 필요한지 모른다.

사랑하는 독자 여러분, 나는 당신을 염두에 두고 단어 하나하나를 썼다. 당신의 중요한 치유 여정에 참여하게 되어, 겸허하고 영광스럽게 생각한다. 이 책이 당신의 온전함과 자유를 향한 아름다운 길에 도움이 되기를 바란다.

그래서 당신에게 이 편지를 남긴다.

✧

생존자인 당신께

당신은 많은 일을 겪었지만 당신의 이야기는 아직 끝나지 않았습니다. 여러 면에서 이제 막 시작에 불과하죠. 이제 기회가 왔습니다. 더 이상 아무도 당신을 통제하지 않습니다. 이제 안심할 수 있습니다. 당신에게는 사랑, 진실함, 지혜, 공감, 힘이 가득합니다. 당신이 가진 놀라운 자질과 이상이 당신을 이끌고, 당신만의 삶을 창조하도록 하십시오. 당신은 주체적인 삶을 영위할 것입니다. 당신은 매우 운이 좋은 사람입니다.

당신이 겪은 일과 헤쳐온 모든 공부 덕분에 당신은 다른 사람이 갖지 못한 탁월한 능력을 개발하고 있습니다. 이를 통해 사람들을 더 빨리 꿰뚫어 보고, 당신을 정말로 원하고 필요로 하는 사람들을 도울 수 있습니다. 당신에게는 이 세상을 더 나은 곳으로 만들 수 있는 능력이 있습니다. 당신이 있어서 다행입니다.

당신은 지금껏 겪어온 모든 일을 통해 믿을 수 없을 만큼 강해졌다는 사실을 믿어야 합니다. 당신의 친절하고 부드러운 마음, 보살피는 정신, 사람에 대한 신뢰 때문에 당신이 타깃이 되었다는 것을 인지해야 합니다. 다른 사람들이 당신에게 악하다고 해서 당신의 그 아름다운 특성들을 버리지 마십시오. 세상은 당신 같은 사람이 필요합니다. 좋은 소식은 이제 당신이 그 특성들에 심오한 지혜를 더하게 되었다는 점입니다. 그것은 정말 기적 같은 조합입니다.

당신을 진심으로 사랑하고 존경하는 사람들이 가득한 새로운 세상이 당신을 기다리고 있습니다. 빛과 모험으로 가득한 세상이지요.

자신을 돌보고, 새로운 일에 도전하고, 당신을 둘러싼 아름다움을 느끼는 시간을 가지시길 바랍니다. 그 과정을 통해 내면으로 더 고요하게 들어갈수록 당신 안에 있는 풍요로움을 더 많이 보게 될 것입니다.

이 치유의 시간을 통해 자신의 평화를 찾아가십시오. 내면에서 안전함을 느끼기를 바랍니다. 당신이 얼마나 귀중한 존재인지 그 진실을 알게 되기를 바랍니다. 혼란은 명확해지겠고, 고통은 평온으로 바뀔 것입니다. 당신은 항상 내면에 존재했던 단단한 힘을 지니고, 이제 일어날 준비가 되었을 것입니다.

자신을 잘 돌보고, 혼자가 아님을 알아두십시오. 저는 수많은 이들과 함께 당신을 응원하며 곁에 있겠습니다. 우리는 당신의 최선의 이익을 최우선으로 생각합니다. 항상 그럴 것입니다.

크나큰 사랑을 담아,

데비

# 내현적 나르시시스트 특성 체크리스트

《정신질환의 진단 및 통계 편람》에는 나르시시스트를 진단하는 데 활용되는 특성들이 나열되어 있다. 이러한 특성은 여러 모습으로 나타나는데, 다음은 나르시시스트에게서 일반적으로 나타나는 특성 목록이다. 이러한 각 특성과 변형에 대한 보다 철저한 조사를 알고 싶다면 '4장'을 참조하라.

- ☐ 자아감이 강하지 않다
- ☐ 조용한 분노
- ☐ 거짓말
- ☐ 후버링
- ☐ 끊임없는 비판과 지적질
- ☐ 질투
- ☐ 자신의 문제를 타깃에게 투사한다
- ☐ 말과 행동이 일치하지 않는다
- ☐ 정서적으로 교감하지 못한다
- ☐ 날아다니는 원숭이들이 있다
- ☐ 당신의 아이디어를 베끼고 가로챈다
- ☐ 칭찬과 인정을 하지 않는다
- ☐ 생일, 휴가 등 의미 있는 날들을 망친다

☐  피해자를 무시하고 가르치려 든다

☐  자기중심적이며, 정서적으로 미성숙하다

☐  행동에 항상 조건이 붙는다

☐  사람을 도구적으로 이용한다

☐  사람 미치게 하는 대화법을 가졌다

☐  과장한다

☐  사랑을 나누지 않고 받기만 한다

☐  당신을 보호하지 않는다

☐  머릿속에서 이야기를 꾸며낸다

☐  당신을 알고 싶어 하지 않는다

☐  좋은 관계를 만드는 데 관심이 없다

☐  통제와 조종을 한다

## 감사의 말

엄마, 저는 엄마 옆에 있으면 늘 마음이 평안했어요. 무조건적인 사랑을 주셔서, 그리고 제가 이 생에서 겪은 모든 것을 견딜 수 있는 토대를 마련해주셔서 감사합니다. 엄마가 정말 많이 그리워요. 엄마의 존재 자체, 공감 능력, 저를 향한 믿음, 제 이야기를 수없이 들어준 그 온화한 마음을 늘 기억할게요.

리즈, 너에 대한 글을 쓸 때마다 눈물이 나. 그만큼 네가 나에게 너무나도 큰 의미이기 때문이겠지. 넌 내 모든 면을 보았음에도 변함없이 조건 없는 사랑을 줬어. 너에게는 무엇이든 자유롭게 이야기할 수 있다는 사실이 내게는 가장 큰 선물이야. 너를 친구로, 그리고 변함없는 의지처로 만날 수 있음이 얼마나 큰 행운인지 몰라. 너는 내 삶에서 없어서는 안 될 소중한 사람이야.

소니아, 우리는 많은 일을 함께 겪어왔지. 내 인생에 언니가 있어 정말 다행이야. 내 모든 마음과 힘을 다해 사랑해.

캐시, 네가 얼마나 소중한 존재인지 항상 기억하면 좋겠다. 너만의 독특하고 모험적인 모습을 잃지 않길 바라. 네가 성장해가는 동안 내 눈은 너에게서 발견한 아름다움을 놓치지 않을 거야. 네가 태어난 날부터 지금까지, 그리고 앞으로도 진심으로 사랑한다, 캐시.

커티스, 넌 정말 독특하고 특별한 영혼이란다. 스스로를 믿고, 네 안에 모든 답이 있다는 사실을 기억하렴. 네 곁에 있는 사람들은 정말 행운이야. 네 엄마가 될 수 있게 해주어서 정말 고맙다.

미셸 반데파스, 함께 일할 수 있어 기뻤습니다. 이 책이 세상에 나올 수 있도록 세심하게 도와준 모든 노력에 진심으로 감사합니다. 켈리 매드론, 당신은 정말 놀라운 편집자예요. 당신의 모든 노고와 따뜻한 마음에 감동했습니다. 미셸 모건, 세심한 눈, 격려 가득한 코멘트, 그리고 따뜻한 마음을 전해주어 큰 힘이 되었습니다. 카밀 트루먼, 당신의 통찰력과 전문성 덕분에 출판 과정이 저에겐 큰 기쁨이었습니다.

그리고 인터뷰에 응해준 모든 분들께, 여러분은 정말 놀라운 존재입니다. 강하고 용감하며, 따뜻하고 순수한 마음을 지녔다는 걸 잊지 마세요. 이 세상이 여러분과 함께할 수 있다는 건 정말 큰 축복입니다. 자신의 이야기를 나누고 다른 사람들의 치유를 돕고자 참여해주신 점에 진심으로 감사드립니다.

끝으로 덴버와 볼더의 지원 그룹 여러분, 여러분의 솔직함과 용기, 강인함에 놀랐고, 많은 것을 배웠습니다. 이 길을 함께 걸을 수 있어 영광입니다.

# 그들의 열등감

## 용어에 대하여

초반에 'covert narcissist'를 '은밀한 나르시시스트'라고 번역했다. '내현적 나르시시스트'라는 단어를 몰랐던 것은 아니지만 그 단어는 무척이나 중립적으로 들려, 나르시시스트가 그럴싸하게 포장되는 느낌을 지울 수 없었기 때문이다. 내가 보아온 나르시시스트에 대한 이미지는 '열등감', 시기와 질투, 미성숙, 유치함, 잘난 척, 자신의 능력보다 높이 차지한 사회적 지위(이는 논쟁의 여지가 있지만 이 정도로 갈음한다), 악의적인 공격, 언행 '따라 하기' 등이었다. 이런 행동을 '내현적'이라는 단어로 다 담을 수 없지 않은가. 지금도 마찬가지이다. 다만 출판사의 뜻과 이 용어가 학계 및 대중적으로 확산되어 있어, 이 단어를 사용하기로 최종 결정했다.

## 나르시시스트의 여러 모습

처음 인지한 나르시시스트는 외현적 유형이었다. 첫 직장에서 보았는데, 양태가 현격하게 드러났고 당시로선 이해하기가 어려운 인간 유형이었다. 이후 많은 날아다니는 원숭이를 보면서 '공감'에 대한 연구논문을 발표하였다(김미덕, "공감, 정체성, 탈동일시", 2013). 공감이란 정말 어려운 것인데, 페미니즘에서 그 단어를 남발하지 말자는 것이 주장 중 하나였다.

책에는 다양한 상황에서의 나르시시즘이 설명되어 있다. '집단 나르시시즘'과 그 속의 여러 나르시시스트를 소개하는 것도, 이 책을 이해하고 나르시시즘을 공부하는 데 도움이 될 것이라 생각한다.

나르시시즘은 개인 수위에서뿐만 아니라 집단으로 발휘되기도 한다. 예컨대 대학교 위계서열에서 열등적인 상황(그것을 표현하든 하지 않든)의 집단이 그 집단의 속성을 갖지 않은 이들을 향해서 나르시시즘을 드러낸다. 타깃과의 관계에서 주된 나르시시스트와 주변의 날아다니는 원숭이들이 합세하여 타깃을 괴롭히는데, 주된 나르시시스트의 잘못을 몰라서라기보다, 그들 또한 타깃에게 갖는 '질투' 때문에 한 편을 먹는 것이다. '우리 학교 출신들이 공부는 잘 못해도 착하다'라거나 '우리 학교 출신의 며느리를 보겠다'라는 말을 그 학교 졸업생이 아닌 타깃을 향해 '의도적'으로 하는 식이다.

책에서도 언급되었는데, 나르시시스트를 간파하는 사람은 나르시시스트를 겪은 사람뿐이다. 맞는 말이다. 직감과 공감 능력이 뛰어난 타깃은, 말이든 눈빛이든 그 공간의 에너지와 말의 의도를 고스란히 느끼고 판단하지만, 상대방의 졸렬한 언행의 의도와 문제점을 잘 '말하지' 않는다. 바로 그런 점을 나르시시스트가 악용하여 자신이 하고픈 그 모든 비천한 말, 비릿한 눈길을 쏟아낸다.

구체적인 모습은 책에서 나온 사례들과 다르지 않다. 앞에서 언급한 집단에서 상사와 부하 직원 모두가 나르시시스트인 흥미로운 사례를 마저 들어보고자 한다. 예상과 달리 그 둘 사이에는 아무런 문제가 없는데, 이는 두 사람의 이해가 맞아떨어지기 때문이다. 그들 관계에서 눈에 띈 것은 공적 자리에서 상사가 항상 부하 직원에 대한 '상찬'을 늘어놓는다는 점이었다. 상사가 부하 직원에게 '효녀다', '늦게 퇴근하여 성실하다', '착하다' 등의 발언을 하는데, 언뜻 보면 한국인의 아름다운 칭찬 문화라 할 수 있다. 하지만 과연 그럴까. 상사 나르시시스트의 칭찬은 발언권을 장악하여 "나는 이렇게 공적인 장에서 다른 사람을 '평가'할 수 있는 권한을 가졌다"라는 과시와 함께, 타인을 칭찬하는 '인간성이 좋은 사람'이라는 인정 욕구에 의한 것이다. 상명하복이 내재화된 부하 나르시시스트는 상사로부터 듣는 칭찬이 빈약한 자존감을 채울 수 있는 자원이기에 서로에게 윈윈인 상황이 되는 것이다. 부하 직원은 만나는 사람마다 자신의 부모에게 지병이 있어 장녀로서 책임이 막중하고 힘들다는 이야기를 몇 년째 이어왔기 때문에, 주변 사람들은 웬만하면 그녀를 이해하고 배려한다. 자신의 이익을 위해 동정을 구하는 나르시시스트의 전형이지만, 주변 사람들은 그 사실을 파악하지 못한다.

그들이 나르시시스트라는 단서는 칭찬의 맥락에서도 찾을 수 있는데, 바로 그들의 공통 타깃이 항상 그 자리에 있다는 사실에서 명확하게 드러난다. 상사는 전형적인 내현적 나르시시스트로서, 타깃이 다른 사람으로부터 칭찬을 받는 순간 끼어들어 사람들의 주의를 딴 데로 돌린다. 자신의 존재를 '무의식적으로' 불안하게 하는 타깃이 앞에 있을 때면, 타인(다른 부하 직원)을 칭찬하여 타깃을 자극시키려고 한다. 마치 자신의 말이 진리인 것처럼. 특히나 그 상사는 웃으며, 아무 일도 아닌 것처럼 나긋나긋하게 타깃의 행동을 깎아내리는 데 능수능란하다. 한편 피해자 코스프레를 하는 부하 직원과 같은 공간을 썼던 타깃은 그녀가 혼자만 공간을 사용하는 것처럼 타인을 배려하지 않는 이기적인 행태를 여러 차례 겪고, 그 문제점을 지적했을 때 자신의 행동을 전혀 성찰하지 '못하는' 모습을 보면서, 그녀가 나르시시스트라는 것을 알아차렸다. 게다가 그 부하 직원은 타깃의 언행을 따라 하기도 한다. 타깃이 말을 하면 자신도 동일한 말을 해서 관심을 끌고, 마치 타깃을 챙기는 듯한 과잉된 제스처를 '남들이 보는 데서' 함으로써 자신이 얼마나 괜찮고 배려하는 사람인지 어필한다. 타깃은, 이들이 평범한 사람인 줄 알았을 때는 관계 형성에 에너지를 썼지만, 나르시시스트임을 간파한 현재는 생존자로서 안정적인 생활을 하고 있다.

한편 그 와중에 타깃은 소통이 될 만하다고 판단한 주변 사람에게 나르시시스트들이 가하는 배제 문제를 어렵게 꺼냈지만, 되레 집단 나르시시스트 조직에 '스며들지 않는다'는 '2차 가해'를 빠지지 않고 받기도 했다. 나르시시스트들은 주변인들에게 자신을 인성이 훌륭하고, 선하고 성실하며, 배려하는 인물이라는 이미지를 구축하는 데 바쁘다.

최근 나 또한 그들의 생존 전략 중 하나인 동정 구하기를 목격했다. 유대관계가 없음에도 다짜고짜 '자신의 어려움'을 거리낌 없이 털어놓으며 관심을 얻으려 했다. 누군가가 자신의 중요한 연구 자료를 허락도 없이 가져갔다는 등 어려움을 토로했다. 대부분의 사람은 '나를 신뢰하여 그런 이야기를 하는구나, 어려움이 있나 보다'라고 생각하며 바로 '이해와 배려'의 자세로 반응한다. 나 역시 얼마 전까지만 해도 그렇게 받아들였을 것이다. 자아감이 분명한 사람은 동정을 구하고자 만날 때마다 '자신의 어려움만을' 토로하는 피해자 코스프레를 하지 않는다. 나르시시스트는 그러한 접근으로 자신의 이런저런 이익(심리적 위안, 관심, 정보 알아내기)을 챙기는 데 매우 기민하다. 상대방에 대한 관심과 관계 형성에 대한 순수한 호기심은 결코 없다. 오로지 자신의 이익을 위해 말을 걸고, 해결하고, 돌아선다.

### 오랜 질문: 그 사람들은 알고 그러는 걸까, 모르고 그러는 걸까?

내가 연구를 통해 접한 사례들은 정도가 심한 경우에서부터 낮은 경우까지 다양하고, 투쟁, 대적, 회피 단계를 거쳐 치유와 회복 단계에 이르는 경우도 보았다. 수업 현장에서 청년 나르시시스트들도 보았다. 공감 부재의 시대를 절감한다.

책에서 자세하게 나오지는 않았지만, 그들의 모든 행동 기저에는 원인이 무엇이든, '열등감'과 질투라는 심리, 불안하기 그지없는 자아감이 자리 잡고 있다. 그렇기 때문에, 저자도 지적했듯이, 피해자가 어떤 행동을 하든(했든) 나르시시스트의 행동은 변하지 않으며(않았을 것이며), 피해자와는 무관한 것이 된다.

여기서 한 단계 더 나아가보도록 한다. 그들 행동은 그들에게는 '최선'이라는 점이다. 생존이 그들 (무)의식의 활동이며, 이때 다른 사람을 흉내 내는 것은 그들 나름의 '발전'이다. 타깃을 배우고는 싶은데 자신은 도달할 길이 없기에, 깎아내려 자신의 자존감을 올리거나 동시에 흘낏흘낏, 슬쩍슬쩍 타깃을 흉내 내는 것이다. 어린아이에게 모방이 중요한 것과 같은 이 치다. 그런데 그들이 성인이기 때문에, 대개의 사람이 그런 언 밸런스를 이해하기란 쉽지 않다. 나도 '저 사람은 왜 남을 따라 하지? 자존심이 없나?', '말을 안 한다고 해서 따라 한다는 것을 내가 정말 모른다고 생각할까?'라는 질문을 되뇐 적들이 있다. 내가 찾은 답은 그들은 '그런 생각 자체가 없다'이다. 그들은 그 냥 따라 하고 '만족해할' 뿐이다. 타깃이 그것을 인지하든 말든 관심 자체가 없으며, 그것이 자아감이 낮은 결과라는 것을 모 른다. '정말 모른다.' 오로지 따라 하고 싶은 (무)의식적 욕구에 만 충실하다. 앞에서 언급한 부하 직원의 경우도 타깃을 관찰 하고 배운 것들을 따라 하고 있다. (타깃은 전부터 이를 알고 있지 만 신경 쓰지 않는다. 나르시시스트는 흉내를 낸다고 해도 본질은 변하지 않는다는 것을 알기 때문이다.) 집단 나르시시즘 속의 그들은 타깃 보다 돋보이고자 애를 썼고 그것이 효과를 발휘하여, 각각 착 한 사람, 말을 예쁘게 하는 사람이라는 평을 듣는다. 그들로서 는 '발전'이고, 목적을 달성한 것이다. 이런 모습이 나르시시스 트의 상황이다. 그것이 그들의 이 생에서의, 지금까지의 최선 이다.

저자는 나르시시스트에 대한 생각을 자신이 아닌 피해자가 하는 것에 대한 우려를 피력하고 있다. 피해자가 너무 많은 에너지를 소진하고, 나르시시스트에게 책임을 묻지 않게 되기 때문이다. 그들의 비윤리적이고 일차원적 행동의 속성이 다름 아닌 열등감이라는 사실을 꿰뚫으면, 타깃/피해자가 그들의 언행에 더 이상 어떠한 '두려움'도 느낄 필요가 없음을 알게 된다.

## 그 사람이 서너 살짜리와 다름없는
## 나르시시스트라는 것을 믿을 수 있겠는가

강조하는데, 나르시시스트를 겪지 않은 사람은 절대로 그것을 이해하지 못한다. 따라서 회복의 첫 단계는 앎이다. 남의 말을 듣지 않고 자기 말만 계속 하는 사람(남에 대한 뒷담화 없이 자신의 이야기만 하면 얼핏 괜찮은 인간성의 소유자로 비칠 수 있지만, 실은 상대방에 대한 관심과 예의가 부재함을 가리킴), 웃으면서 남을 깎아내리는 사람, 말로는 상대방을 위해주는 척하면서 결코 행동이 뒤따르지 않는 사람, 원초적 이기와 생존에 급급한 사람, 자신의 능력과 사회적 지위의 언밸런스로 절제가 안 되는, 즉 분수에 넘치는 달콤한 권한에 '어찌할 바를 모르는' 사람. 그런 나르시시스트들이 거의 만점을 받는 대학생, 박사, 교수, 고

위직 공무원 등이면, 그들이 실은 많아 봐야 열 살짜리 정도의 나르시시스트라는 사실을, 그들을 겪지 않은 사람들이 어떻게 믿을 수 있겠는가.

피해자의 치유와 회복, 찬란한 삶으로의 변화는 정말로 '가능'하다. 나는 20여 년의 결혼생활에서 나르시시스트 남편의 폭력에서 생존한 여성, 아버지가 나르시시스트인 자녀, 직장 동료가 나르시시스트인 경우들에서 자각하고, 대처하고, 회복하여 잠재력을 키우고 빛나게 살고 있는 사람들을 목격했다. 이들이 '착하고' 무한한 가능성을 가진 이들, 저자의 표현으로 뛰어난 공감력과 지혜가 결합된 기적 같은 조합의 사람들이다. 많은 사람이 나르시시스트의 실체를 간파할 수 있기를 바란다. 앎의 힘을 얻는 데 도움이 되었으면 한다.

# 참고자료


## 도서

1    Eleanor D. Payson. The Wizard of Oz and Other Narcissist: Coping with the One way Relationship in Work, Love and Family. Julian Day Publications, 2002.

2    Jackson MacKenzie. Psychopath Free: Recovering from Emotion ally Abusive Relationships With Narcissists, Sociopaths, and Other Toxic People. Berkley, 2015.

3    George K. Simon. In Sheep's Clothing: Understanding and Dealing with Manipulative People. Parkhurst Brothers Publishers Inc, 2010.

4    Adelyn Birch. 30 Covert Emotional Manipulation Tactics: How Manipulators Take Control in Personal Relationships. CreateSpace Independent Publishing Platform, 2014.

5    Lundy Bancroft. Why Does He Do That?: Inside the Minds of Angry and Controlling Men. Berkley, 2003.

6    Shannon Thomas. Healing from Hidden Abuse: A Journey Through the Stages of Recovery from Psychological Abuse. MAST Publishing, 2016.

7    Karyl McBride. Will I Ever Be Good Enough?: Healing the

Daughters of Narcissistic Mothers. Atria Books, 2009.

8　Debbie Mirza. The Safest Place Possible: A Guide to Healing and Transformation. Safe Place Publishing, 2017.

9　Inna Segal. The Secret Language of your Body: The Essential Guide to Health and Wellness. Beyond Words, 2010.

10　조지 K. 사이먼, 양의 탈을 쓰다: 웃는 얼굴로 칼 꽂는 사람 대처법, 조은경 옮김, 모멘토, 2007.

11　잭슨 맥켄지, 연인인가 사이코패스인가: 사랑을 가장한 악마들, 이나경 옮김, 문학사상사, 2017.


## 유튜브

1　Debbie Mirza. www.youtube.com/@debbiemirza1744
2　Inner Integration-Meredith Miller. www.youtube.com/@InnerIntegration
3　Dad Surviving Divorce(DSD). www.youtube.com/@DSD


## 온라인 교육 코스

1　6-Week Healing ad Clarity After Narcissistic Abuse. https://www.debbiemirza.com/courses
2　How to Parent When Your Ex is a Covert Narcissist. https://www.debbiemirza.com/courses
3　How to Facilitate a Support Group for Survivors of Narcissistic Abuse. https://www.debbiemirza.com/courses

## 웹사이트

1    https://www.debbiemirza.com

2    https://www.kaleahlaroche.com

3    https://www.psychopathfree.com

4    https://www.wnaad.com

5    https://www.innerintegration.com

## 인용 기사

1    Jantz Ph.D., Gregory L., "What is Emotional Abuse" Psychology Today 12/01/2015
https://www.psychologytoday.com/intl/blog/hope-relationships/201512/what-is-emotional-abuse

2    Mathews LPC, NCC, Andrea "When Is It Emotional Abuse" Psychology Today 09/26/2016
https://www.psychologytoday.com/intl/blog/traversing-the-inner-terrain/201609/when-is-it-emotional-abuse

3    Sarkis Ph.D., Stephanie A. "11 Red Flags of Gaslighting" Psychology Today 01/22/2017
https://www.psychologytoday.com/intl/blog/here-there-and-everywhere/201701/11-red-flags-of-gaslighting-in-a-relationship

# 그 사람은 내현적 나르시시스트입니다

## 수동적으로 공격하는, 보이지 않는 악인들에 대하여

1판 1쇄 인쇄   2025년 1월 15일
1판 1쇄 발행   2025년 1월 22일

| | |
|---|---|
| 지은이 | 데비 미르자 |
| 옮긴이 | 김미덕 |
| 발행처 | (주)수오서재 |
| 발행인 | 황은희, 장건태 |
| 책임편집 | 박세연 |
| 편집 | 최민화, 마선영 |
| 마케팅 | 황혜란, 안혜인 |
| 디자인 | 피포엘 |
| 제작 | 제이오 |
| 주소 | 경기도 파주시 돌곶이길 170-2 (10883) |
| 등록 | 2018년 10월 4일(제406-2018-000114호) |
| 전화 | 031)955-9790 |
| 팩스 | 031)946-9796 |
| 전자우편 | info@suobooks.com |
| 홈페이지 | www.suobooks.com |
| ISBN | 979-11-93238-53-0 03330  책값은 뒤표지에 있습니다. |

**도서출판 수오서재**守吾書齋**는 내 마음의 중심을 지키는 책을 펴냅니다.**